Antonia Meiners, in Bamberg geboren, in München eingeschult, aber groß geworden in Berlin. Sie studierte in Ostberlin Kulturwissenschaften und nach ihrem Wechsel nach Westberlin im Jahr 1977 Germanistik und Theaterwissenschaft. Sie arbeitet als freie Lektorin für Buchverlage und veröffentlichte zahlreiche Bücher. Sie ist Autorin des Buchs »Kluge Geschäftsfrauen« (gemeinsam mit Claudia Lanfranconi), erschienen 2010, und Herausgeberin des Buchs »Wir haben wieder aufgebaut. Frauen der Stunde null erzählen«, erschienen 2011 im Elisabeth Sandmann Verlag.

Senta Berger hat nicht nur auf der Bühne, sondern auch im Film große Erfolge gefeiert und ist mit zahlreichen Preisen geehrt worden. Bereits als junges Mädchen wußte sie, daß sie Schauspielerin werden wollte, und tröstete ihre Mutter: »Aus mir wird was, Mutti, ich versprech's dir.« In über hundert Kinofilmen und auf den traditionsreichen Bühnen von Hamburg, Berlin oder Wien löste sie ihr Versprechen ein. Als Mona in »Kir Royal« und als »Schnelle Gerdi« gewann sie die Gunst des Publikums. 2006 erschien ihre Biographie »Ich habe ja gewußt, daß ich fliegen kann«.

© 2012, Elisabeth Sandmann Verlag GmbH, München
ISBN 978-3-938045-56-5

Herausgeberin: *Antonia Meiners*
Vorwort: *Senta Berger*
Redaktion: *Eva Römer*
Gestaltung: *Pauline Schimmelpenninck Büro für Gestaltung Berlin*
Herstellung: *Karin Mayer, Peter Karg-Cordes*
Lithographie: *Christine Rühmer*
Druck und Bindung: *Neografia, Martin*

Besuchen Sie uns im Internet unter www.esverlag.de

Antonia Meiners (Hg.)

Kluge Mädchen

oder wie wir wurden,
was wir nicht werden sollten

Mit einem Vorwort von
Senta Berger

ELISABETH
SANDMANN

»Wir unterhielten uns über Mädchenleben,
wie verschieden das benutzt wird.
Eine sieht es an wie einen Erlaubnisschein zum Nichtstun,
die andere stickt Kragen usw. und nennt es, sich wirklich beschäftigen.
Welche Menge Zeit wird bei den meisten vergeudet.
Die Talente, alles geht so halb und lahm, alles auf Vergnügen eingestellt,
alles unreal, nichts für die Wirklichkeit, in sich gut, brauchbar.
Sie kommen mir immer vor wie Majoritätsherren,
die auf ihre Bestimmung warten, nämlich die Ehe,
und dazu sind wir oft am allerwenigsten geschickt.«

MARIE VON OLFERS, 1859

Mädchenjahre

Vorwort von Senta Berger

»Wo ist mein kleines Mädchen geblieben«, fragte mich mein Vater kopfschüttelnd, »das liebe Mädchen, das du einmal warst?« Eigentlich fragte er nicht mich. Sondern sich. Ich hätte ihm auch keine Antwort geben können.

Ich war dreizehn. Meine Kinderhaut war gerissen. Es schmerzte. Es schmerzte mich mehr als meinen Vater, der meine Häutung mit Staunen und mildem Tadel verfolgte, während ich sprachlos vor Entsetzen in die schwierigste Zeit meines Lebens stürzte.

»Mädchenjahre« – das ist ein so schönes, ein zartes Wort, wie ich empfinde. Ich habe das Wort »Mädchen« immer schon geliebt. In meinen Vorstellungen klingt es nach Romantik und Realität, nach Schutzlosigkeit und Streitbarkeit. Nach Widersprüchen. Das mag auch daran liegen, daß mir mein ungarischer Zeichenlehrer in der Schule, während er mir geholfen hat, eine Rötelzeichnung meiner Katze auf weichem, dünnen Nachkriegspapier zu verbessern, sagte, daß mein Name, »Senta«, ein ungarischer Name aus dem frühen Mittelalter sei und die Bedeutung hätte: das Mädchen, das in den Krieg zieht.

Ich war dreizehn und lebte zu Hause. Ich zog in keinen Krieg und entdeckte doch jeden Tag ein neues Land, einen unbekannten Kontinent, der mich faszinierte und anzog und auf dem ich überleben oder umkommen mußte.

Für die Überfahrt war ich hinaufgetragen worden und ausgerüstet mit den besten Eigenschaften meiner Kindheit: Kraft und Neugierde, begleitet von Erwartungen an das Leben und von der Sicherheit, daß mir Wunderbares geschehen werde. Hinabgezogen wurde ich all die Mädchenjahre lang durch

bittere Zweifel, nicht zu genügen, nicht gescheit genug, nicht begabt genug, nicht schön genug zu sein. Nicht genug! Und den Menschen, die immer selbstverständlich Erwartungen in mich gesetzt hatten – die ich als kleines Mädchen auch mühelos erfüllen konnte: meinem Vater, meiner Mutter, meiner Ballettlehrerin –, denen wich ich aus und nahm ihnen ihre Haltung mir gegenüber übel. Nichts war mehr selbstverständlich. Aber wußte ich das nicht besser als irgendeiner von ihnen?

Die Veränderungen meines Körpers – mit wem konnte ich darüber sprechen? Nach der Schule, wenn ich alleine zu Hause war, zog ich mich aus und betrachtete meinen Körper ganz genau. Die spitzen Knie und Ellenbogen, den rotbraunen Flaum meiner Schamhaare, das Geschlecht selbst, das sich auf erschreckende, aufregende Weise zu verändern begann, die Brustwarzen, die Tag für Tag größer, dunkler, gewölbter wurden – unbegreiflich.

Das Geheimnis meines kleinen Mädchenkörpers hatte ich schon erfahren. »Jetzt bist du eine Frau«, sagte meine Mutter und gab mir eine Art Strumpfhalter, den sie aus Leinen selbst genäht hatte und in dessen Mittelteil man eine Binde einlegen konnte. Es waren ja die Fünfzigerjahre. Über Tampons – falls es sie in Europa schon gab – wurde nicht gesprochen. Oh, wie ich dieses Wort haßte: Damenbinde. In den Straßenbahnen sah man auf kleinen Anzeigetafeln Werbung für Damenbinden. Die Farbzeichnung einer wunderschönen Frau mit rotem Lockenkopf, die für »Senta Damenbinden« warb. Ausgerechnet! Meine Schulfreundinnen neckten mich damit. Und später, schlimmer noch, meine ersten Freunde. Ich haßte

Senta Berger mit vierzehn Jahren

nicht nur das Wort, ich haßte, was ich im Zusammenhang damit erlebte. Auf der Bank im Turnsaal sitzen, während »meine Mannschaft« beim Völkerballturnier verlor. Klar, ohne ihre Kapitänin. Im Ballettunterricht, wo es härter, rücksichtsloser zur Sache ging – Gottseidank, sagte ich mir, diese Binde kann mich doch nicht zum Krüppel machen –, wurde ich trotzdem für einige Übungen nicht zugelassen, »aus Sorge für meinen Körper«, wie meine Lehrerin sagte, die offenbar mehr Ahnung von ihm hatte als ich.

Meine Mutter sagte: »Jetzt kennst du deine Bestimmung.« Es wäre besser gewesen, sie hätte gesagt: »Jetzt kennt dein Körper deine Bestimmung…« Denn ich hatte nur eine Ahnung von meinem Schicksal, auf das mein Körper mich vorbereiten wollte. Und, als der Nachbarsjunge, der Norbert, in den ich überhaupt nicht verliebt war – ja, mich niemals in ihn hätte verlieben können, dazu kannten wir uns einfach zu gut –, mich sehr umständlich, als würde er im Geiste noch einmal die diesbezüglichen Anleitungen von Dr. Sommer in BRAVO durchgehen, küßte, tief, mit der Zunge, und ich nach Hause rannte, in die Küche stürzte, um zwei, drei Gläser kaltes Wasser zu trinken, um diese Zunge auszulöschen, und zwischen Trinken und Husten schrie, »der Norbert, der Norbert, der hat mich…«, bekam ich von meiner Mutter ohne Vorwarnung eine Ohrfeige. Eine Ohrfeige von meiner Mutter, die sagen sollte: Nimm dich in Acht. Nun bist du kein Kind mehr. Du bist eine Frau. Du kannst Kinder bekommen. Ich war dreizehn. Ich begann, sehr viel zu lesen und brachte aus der Städtischen Gemeindebibliothek kiloweise abgegriffene Bücher nach Hause. Schon als kleines Mädchen habe ich so viel gelesen, daß meine Mutter mich besorgt zu unserem Kinderarzt brachte. Das Gespräch zwischen den beiden im Ordinationszimmer durfte ich nicht hören. Ich mußte im dunklen Wartezimmer mit Lesezirkeln zwischen Gummibäumen warten. Der Herr Dr. Piringer legte mich dann mit sehr ernster Miene auf eine kalte Lederliege und fragte sanft: »Was machst du denn, Senta, wenn du so lange auf deinem Bett liegst und liest?«
Über diese Frage mußte ich lachen. Ich erinnere mich genau. Ich dachte, es wäre eine Art Fangfrage, Prüfungsfrage, wie sie in der Schule gestellt wird.
»Lesen, Herr Doktor, Seite für Seite – und dazu stell ich mir die Bilder vor.«
»Aha. Und sonst machst du nichts?«
»Nein, was soll ich denn sonst machen? Außer denken und mir vorstellen, ich selbst wäre Alice. Die ›Alice im Wunderland‹«, erklärte ich.
Die beiden Erwachsenen blickten – so habe ich es in Erinnerung – schuldbewußt zu Boden.
Das Lesen hat mich in meinen Mädchenjahren gerettet. Es hat mich in meinen besten Anlagen ermutigt und in meinen vagen, noch unsicheren Ansichten und Meinungen bestärkt. Auch darin, daß ich nicht unrecht hatte, mir die Freiheit zu erkämpfen, meinen Beruf zu wählen, mich nicht zu fügen und schon gar nicht den Gewohnheiten meiner Familie: »A Madl soll was Praktisches lernen.« Ich war sechzehn und begann, Gedichte zu lesen und mich nach ihren Inhalten zu sehnen: »Mir träumte einst von wildem Liebesglühen… von süßen Lippen und von bitterer Rede…«

Ach Heinrich – lieber Heinrich von Kleist, Vertrauter – viel vertrauter als meine gute Mutter. Ihr hatte ich doch immer alles anvertraut – das war jetzt vorbei. Je mehr sie bereit war, mich anzuhören, mich zu verstehen, um mein Vertrauen warb, desto verschlossener wurde ich. Mein Leid, mein Glück sollte mir gehören. Das Glück meiner ersten großen Liebe, meiner ersten Leidenschaft und Hingabe, mein Schmerz über Lüge und Betrug. Über Untreue. Auch meiner.

In diesen widersprüchlichen Zeiten meiner »Mädchenjahre« lernte ich mehr als jemals später in meinem Leben. Ich schärfte meine Sinne. Ich lernte, auf meine Unterscheidungsfähigkeit zu vertrauen. So vieles wußte ich damals nicht und wußte es in dieser Zeit doch sofort.

Ich begann, das Unglück der Erwachsenen zu sehen. Nicht nur bei mir zu Hause. Vater und Mutter wurden plötzlich in ihrem Unglück, in ihrem ehelichen Streit, in ihrem Kampf mit den täglichen Sorgen, viel kleiner, als sie es wirklich waren – meine Wahrnehmung als unabhängige Dritte, als die ich mich gerne gesehen hätte, rückte sie mit einem Brennglas in die Ferne.

Meine Auseinandersetzungen mit ihnen über meine Lebensvorstellungen, über meinen Beruf – »selbstverständlich gehe ich zum Theater« – gewannen dadurch an Bedeutung, daß ich nicht mehr trotzig frech sein mußte – also nicht nur –, sondern als jemand ernstgenommen wurde, der einen Traum wahr werden lassen will und kann, für den dieser Weg leicht ist oder zumindest scheint, ein Weg, den ich aus Unwissenheit mutig gehen wollte.

Das beste, was ich heute über meine »Mädchenjahre« sagen kann, ist, daß sie mir geblieben sind. Ich erinnere mich an diese Jahre mit Zärtlichkeit diesem Mädchen gegenüber, das ich einmal war. Ihre Eigenschaften sind mir nicht fremd. Nicht ihre Neugierde, ihre Vertrauensseligkeit, ihre unbekümmerte Sicherheit und ihre verzweifelte Unsicherheit – ihre Erwartungen an das Wunderbare im Leben. Keine ihrer widersprüchlichen Anlagen sind mir fremd geworden. Sie sind da. Immer noch. Ich habe, als angeblich erwachsene Frau, gelernt, mit ihnen umzugehen. Die guten ins Töpfchen, die schlechten ins Kröpfchen.

Wo ist das kleine Mädchen, das du einmal warst, Senta?

Hier ist es, hier.

Die gute Partie oder der eigene Weg

1900 — 1918

Zeitblende

»Friedenszeiten« im Kaiserreich • Attentat in Sarajewo auf Erzherzog Franz Ferdinand • Erster Weltkrieg • Schweiz bewahrt Neutralität während des Krieges • Ende der Kaiserreiche in Deutschland und Österreich • Frauen in Österreich dürfen seit 1900 Medizin und Pharmazie studieren • In Berlin gründet sich der »Weltbund für Frauenstimmrecht« • 1905 initiiert die Frauenrechtlerin Helene Stöcker den »Bund für Mutterschutz und Sexualreform« • Die italienische Reformpädagogin Maria Montessori eröffnet das erste Kinderhaus • 1908 gewährt Preußen als eines der letzten Länder des Deutschen Reiches Frauen die Zulassung zum Universitätsstudium • In den Kriegsjahren übernehmen immer mehr Frauen die Arbeit der Männer • 1918 erhalten deutsche Frauen das Wahlrecht • Gewerkschaften in der Schweiz fordern 1918 das Frauenstimmrecht

A.532-2

Was treiben denn die Mädchen?
Die Kleinen pflegen Puppen,
die Großen kochen Suppen
und spinnen leer den Rocken
und stricken warme Socken;
sie nädeln, bügeln, waschen
und putzen Glas und Flaschen.

Sie scheuern Tisch und Bänke
und ordnen wohl die Schränke,
sie flechten fein die Zöpfe
und spülen rein die Töpfe.
Sie müh'n sich ab nach Kräften
in häuslichen Geschäften.

Wer so schafft, wird fürs Leben
die beste Hausfrau geben.

Ein kleines Mädchen,

das des Morgens bei Büchern in der Schule gesessen und andere Geistesarbeit vollbracht hat, sollte am Nachmittag auch mit seiner Puppe oder im Freien spielen dürfen. Wozu eine Menge eingepfropften Wissens für unser Töchterchen? Wozu jenes Übermaß im Hinblick auf die Stellung, die es dereinst im öffentlichen Leben einnehmen kann und darf? Daß eine Frau schwere mathematische Aufgaben löse, daß sie in verschiedenen Sprachen bewandert sei und schöne Verse mache – das allein wird in den seltensten Fällen das Glück der Familie begründen – ja zuweilen mag es gerade den Untergang derselben herbeigeführt haben. Doch ein gesunder und fröhlicher Geist, ein reines kindliches Gemüt sind gar herrliche Dinge, welche weit sicherer häusliches Wohlbefinden schaffen und fördern.

Aus: »Vorbereitung auf das Leben«, um 1900

Ausbildung des Geistes
und des Herzens

Die Erziehung des Mädchens zur praktischen Hausfrau darf aber keineswegs auf Kosten der Ausbildung des Geistes und des Herzens erfolgen; eine tüchtige Gattin kann einer tief geistigen Durchbildung nicht entraten. Eine Frau, die tief unter dem geistigen Niveau ihres Mannes steht, droht zu dessen Haushälterin, dessen Dienstmagd herabzusinken ... Man bekämpft ja gegenwärtig vielfach die gründliche Vorbildung der Mädchen zu tüchtigen Hausfrauen und Müttern mit der Begründung, daß es sehr ungewiß sei, ob jedes Mädchen auch wirklich einmal Frau und Mutter wird, daß es daher notwendiger erscheine, ihm eine tüchtige Berufsbildung zu bieten, die ihm auch für den Fall bleibender Selbständigkeit zur sorgenfreien Selbsterhaltung verhilft. Wir können dieser Anschauung nicht beipflichten. Unter den gegenwärtigen Zeitverhältnissen wird die volle Selbständigkeit des Mädchens immer nur ein Notanker bleiben, während der Ehestand naturgemäß das wahre Ziel des Frauenlebens bildet.

Aus: »Das Blatt gehört der Hausfrau«, 1901

Wilhelmine und Lili, um 1902

Aus der Vorstellung »kleiner, nicht ausgewachsener Fisch« erklärt sich die in der Schriftsprache vorherrschende Bedeutung »Mädchen in der Pubertätszeit«. Sie ist in der Studentensprache ausgebildet worden. Im Anschluß an »Baccalaureus« bezeichnet »Backfisch« hier zunächst einen unreifen Studenten. Schon 1555 jedoch steht es auch für »halbwüchsiges Mädchen«: Backfischlein, *puella virgunculae dictae*, halbgewachsener Frischling, Backfischlein.

Aus: »Trübners Deutsches Wörterbuch«, 1935

Backfisch — *Erklärungsversuche*

Früher, wo fast aller Unterricht für Mädchen mit der Confirmation nach dem vierzehnten oder fünfzehnten Lebensjahre abgeschlossen war, aber die eigentliche Gesellschaft, wie der Ballsaal, ihnen noch bis zum siebzehnten Jahre verschlossen blieb, war und galt diese Zeit als eine der unangenehmsten Stationen des Mädchenlebens, eine Übergangsperiode, die man fast überall mit dem spöttischen Namen des Backfischtums bezeichnete.

Wie wir erst neuerdings gehört haben, stammt diese Benennung von den Fischergestaden der Ostsee. Dort sondern die Fischer die in ihre Netze gegangene Beute in verschiedene Abteilungen ihrer Boote – die halb ausgewachsenen Fische werden in den Teil des Bootes geworfen, welcher »die Back« heißt, dort harren sie noch eine Zeitlang auf ihre Bestimmung, ob sie wieder ins Meer geworfen werden oder zum Verkauf und Gebrauch bestimmt werden. Die armen Fischchen wissen also in der Tat eine Zeitlang noch nicht, wohin sie gehören.

Aus: »Leitfaden für junge Mädchen«, 1895

Poldi und ihre Geschwister, um 1901

Goldene Mädchenzeit

Abenteuerlust Als Lili Holstein von ihren Freundinnen vor der Ferienreise Abschied nahm, sagte sie: »Wißt ihr, was ich mir wünsche? Ein Abenteuer möchte ich erleben.« Die lachlustige Anni schrie laut los vor Vergnügen, und Gerda, das Schwärmsuschen, flüsterte träumerisch: »Ja, ich auch!« »Na, natürlich möchte ich auch ein Abenteuer erleben«, rief Anni, »irgend etwas Heldenhaftes möchte ich tun, einem Menschen das Leben retten, einen Zug vor dem Entgleisen bewahren oder so etwas.«

»Ja, irgend etwas Wunderbares, Außergewöhnliches müßte es sein«, meinten die beiden andern, und dann wurden alle drei still, schauten mit großen, sehnsüchtigen Augen in die Weite, als wäre ihr heiteres, sonniges Mädchenleben ganz grau und düster. Sie vergaßen ganz, daß sie eigentlich zusammengekommen waren, um miteinander einen Flicknachmittag zu halten, den die Mütter als notwendig vor den Ferien erachtet hatten. Freilich hatten auch die Mütter übereinstimmend gesagt: »Setzt euch lieber allein hin und näht, denn wenn ihr drei zusammenkommt, verschwatzt ihr ja doch nur die Zeit.« Das stimmte, sie vergaßen alle hilfsbedürftigen Handschuhe und Strümpfe und unterhielten sich von lustigen Fahrten in die weite, weite Welt hinaus und von all dem Zauberhaften, Wunderbaren, was sie draußen erleben wollten.

Aus: »Das goldene Mädchenbuch«, 1910

Potsdamer Kindheit

Die Potsdamer Gartenstraßen, die staubigen Wege, auf denen die Soldaten, rot glühend und weiß bestäubt, in die Kasernen heimkehren. Das Ponygespann der Prinzessin, die kleinen langschwänzigen Pferde. Die Prinzessin läßt die Peitsche spielen oder greift in die Gummihupe, die an keinem andern Pferdefahrzeug gestattet ist. Die Leute auf der Straße grüßen die junge Prinzessin, und wir, die wir manchmal von ihr abgeholt werden, grüßen höflich wieder, bis uns das untersagt wird, ihr seid nicht gemeint. Für die Prinzessin ist im Park ein norwegisches Holzhaus gebaut, eine Spülküche mit lauter kupfernen Geräten, die Prinzessin bereitet Spiegeleier, natürlich muß sie die Pfanne nicht sauber machen. Einmal begegnen wir Kinder auf der Großen Treppe im Neuen Palais der Kaiserin, die unsere Köpfe gegen ihre geschnürte Taille presst und uns auf das Haar küßt. Wir haben uns mit der Prinzessin sehr gelangweilt, wir wollen nicht mehr spazieren gefahren werden, aber wir müssen, wir werden nicht gefragt. Der Vater hat einmal auf die Prinzessin ein Gedicht gemacht, das wir unmöglich fanden, »Prinzessin von achtzehn Jahren, Prinzessin Chef der Husaren«, tatsächlich, in der Uniform eines Husarenobersten ist die Prinzessin auf Postkarten zu sehen. Das hindert nicht, daß sie in unseren Augen blöd ist und blöde das ganze Sanssouci, wo man sich gut benehmen muß, nichts von Über-das-Gras-Jagen und In-die-Büsche-Kriechen, und interessant sind wirklich nur der alte König mit seinen Windhunden und sein boshafter kleiner Affe, Voltaire.

MARIE LUISE KASCHNITZ *aus: »Das dicke Kind«*

Vorbereitung auf das Leben, um 1910

Heute in der Religionsstunde ist die Schrötter Lisel, das ist der Liebling vom Herrn Katecheten, nein, wir müssen sagen Herr Professor, also sie ist der Liebling vom Herrn Professor, mit der Bibel zu ihm gegangen und hat ihn gefragt, was schwanger heißt. Bei der Maria steht das nämlich wirklich in der Bibel. Die Schrötter weiß nämlich noch gar nichts und die Kinder haben sie solang aufgehetzt, bis sie gegangen ist und gefragt hat. Der Herr Professor ist ganz rot geworden und hat gesagt: »Wenn du es noch nicht weißt, so macht das nichts. Das lernen wir erst später, wir sind ja noch im alten Testament«.

Aus: »Tagebuch eines halbwüchsigen Mädchens«

Es ist ein greulicher Skandal bei uns wegen der Dora

Fräulein Wildfang

3953/6

Der Oswald hat dem Papa gesagt, daß sie beim Tennisspielen furchtbar kokettiert und das kann er nicht dulden. Der Papa hat wahnsinnig geschimpft und jetzt dürfen wir nicht mehr zum Tennisspielen gehen. Und am meisten hat sie geärgert, daß der Papa vor mir gesagt hat: So ein Fratz von vierzehn Jahren fängt schon an, sich den Hof machen zu lassen.

Aus: »Tagebuch eines halbwüchsigen Mädchens«

Ich bin sehr neugierig, was ich zu Weihnachten bekomme. Gewünscht habe ich mir: ein weißes Pelzwerk, nämlich Boa, Muff und ein Samtbarett mit dem gleichen Pelz verbrämt, Jackson-Schlittschuhe, weil die Meinen immer gleich locker werden, deutsche Heldensagen, nicht am Ende griechische; da möchte ich mich bedanken, Haarbänder, durchbrochene Strümpfe und wenn möglich eine goldene Nadel, wie die Hella sie zum Geburtstag bekommen hat. Aber der Papa sagt, die wird unserem Christkindl wohl ein bisserl zu teuer sein.
Die Inspee wünscht sich ein Frontmieder. Aber ich glaube, sie bekommt es nicht, weil es ungesund ist.

Aus: »Tagebuch eines halbwüchsigen Mädchens«

Dienstfräulein eines Karstadt-Warenhauses, um 1907

Das Personal

Zur Schule in Holzpantoffeln

Jeden Morgen sechse ging das los nach der Schule, damit wir um sieben da waren. Und denn mit Holzpantoffeln. Ach, und so dunkel, der Wald so dicht, da haben wir Angst gehabt. Zwei Zimmer hatten wir, ein Wohnzimmer und ein Schlafzimmer, da schliefen wir alle fünf, das war früher so üblich. Manche haben viel mehr Kinder gehabt, uns ging's gut. Meine Mutter ist nachts um dreie aufgestanden, denn hat sie Essen zurecht gemacht, schön eingewickelt und ins Bette gestellt, damit's warm bleibt. Und mittags, nach der Schule, wir Kinder, das Essen in so'n Hundewagen rin, und los nach'm Feld. Wenn wir Ferien hatten, wissen Se, was wir machen mußten? Nach Feld, Roggen ernten, mit acht Jahren. Aber feste. Vater mäht mit der Sense, wir machen schöne Bunde, Mutter bindet ein hinterher. Und Kartoffeln buddeln. Nach Hause gekommen: Ach Vater, guck mal, ich hab heut wieder offene Hände. Denn hat Vater Pech genommen, heiß gemacht am Talglicht und ringemacht in unsere Wunden.

BERTA *aus: »Guten Morgen, du Schöne«*

Eine Person war immer da: Aenne, die Kinderfrau.

Sie zog uns an und brachte uns zu Bett. Sie bürstete geduldig unser verwirrtes Haar und übergoß uns abends mit kaltem Wasser, was ich fröstelnd und zitternd, meine robustere jüngere Schwester prustend und lachend hinnahm. Sie verband unser blutendes Knie, drückte einen Löffel gegen unsere Stirn, wenn wir gefallen waren, um Beulen zu verhindern, machte uns Halsumschläge, ging mit uns spazieren und erzählte uns unermüdlich Geschichten von armen Mädchen und verlaufenen Prinzessinnen. Sie betete mit uns und schlief bei uns. Aenne war bei meiner Geburt zu uns gekommen und blieb bis zu meinem Eintritt in die Schule. Dann ging sie zu Kindern eines Rechtsanwalts, bekam dort ein unheizbares Dachstübchen, wurde krank und starb an Tuberkulose.

ELISABETH *aus: »Mein Elternhaus«*

Unterricht in einer Haushaltungsschule für Höhere Töchter, um 1900

In dieser Zeit mußte meine Mutter viel liegen wegen Rückenschmerzen. Da wurden einzelne Stäubchen auf den Polituren der Mahagonimöbel viel sichtbarer als für den Blick des Aufrechtstehenden. Die Mädchen waren wütend, wenn sie, nachdem sie am Morgen schon einmal abgestaubt hatten, wieder hereingeklingelt und auf ihre Nachlässigkeit aufmerksam gemacht wurden. Die Rückenschmerzen, so hieß es damals, seien die Folgen meiner schweren Geburt. Ich glaube eher, daß es nicht eingestandene Depressionen waren über das Leben, auf das sie sich eingelassen hatte, in dem sie nun gefangen war: das Leben einer deutschen Hausfrau, zu dem ihr die Voraussetzungen fehlten. Sie hatte sich in jugendlichem Idealismus dem »Dienst der Wissenschaften geweiht« (ihre eigenen Worte) und begründete ihren Entschluß, meinen Vater zu heiraten, eben damit.

MARGRET BOVERI *aus: »Verzweigungen«*

19

Lesen

Wir haben kaum Zeit zum Lernen vor Aufregung. Die Mama der Hella hat voriges Jahr zu Weihnachten mehrere Romane von Geyerstamm bekommen, und neulich liegt einer auf dem Tisch, und wie ihre Mama draußen ist, blättert die Hella schnell und liest den Titel »Frauenmacht«!!! Wie ihre Mama fertig war, schaute sie, wohin sie ihn im Bücherkasten stellt, und jetzt lesen wir ihn. Einfach großartig! Ich kann die ganze Nacht nicht schlafen; die Signe, die er so liebt und die ihn doch betrügt. Wir haben so geweint, daß wir nicht weiterlesen konnten. Und das Mädchen, das Gretchen, das so an ihrem Papa hängt; ja, ich kann das großartig begreifen, daß sie immer Angst hat, ihr Papa könnte diese ekelhafte Person, die Frau Elise, heiraten, die doch so schon einen Mann hat. Und wie sie dann stirbt, Gott, das ist so gräßlich und so schön, daß wir es dreimal hintereinander lasen. Ich hatte neulich ganz rote Augen vor lauter Weinen, so daß die Tante dann sagte, ich dürfe nicht soviel lernen.

Aus: »Tagebuch eines halbwüchsigen Mädchens«

Ich habe jetzt eine herrliche Geschichte gelesen; sie heißt

»Ein treues Herz« und handelt von einem Mädchen, der ihr Bräutigam fortgehen muß, weil er einen anderen erschossen hat, der ihm aufgepaßt hat. Und die Rosa bleibt ihm treu, bis er zurückkommt nach zehn Jahren, und dann heiraten sie. Es ist großartig und zuerst furchtbar traurig. Solche Bibliotheksbücher lasse ich mir gefallen, aber die wir in der Volksschule hatten, die habe ich alle schon gekannt. Leider bekommen wir im Lyzeum nur alle vier Wochen ein Buch, weil die Frau Doktor sagt, wir haben so soviel zu tun, und wenn wir frei haben, sollen wir in die frische Luft gehen.

Aus: »Tagebuch eines halbwüchsigen Mädchens«

Hier ließen wir uns nieder mit Nähzeug und Stickerei und einem Buch zum Vorlesen. Ich widerstrebte dem Zuhören, dann war ich gefangen, dann las ich allein weiter: an diesem Tag und am nächsten und am übernächsten. Ich war für die Welt, den Hettstädter Hof, verloren, ich lebte nur noch in dem Buch: »Heidi«, von der Johanna Spyri, zwei Bände. Die Spyri-Bücher zu lesen und zu lieben habe ich nie mehr aufgehört; als sie 1945 in Würzburg und in Teupitz verloren gingen, suchte ich sie antiquarisch zu ersetzen.

MARGRET BOVERI *aus: »Verzweigungen«*

Elegante Welt: Bildung – in Maßen – erwünscht

Daß solch ein Buch existierte, und sie hatte es nicht gewußt! In dem Glasschrank stand es, unbeachtet – sie hatte beim Abstäuben seinen Titel wer weiß wie oft gesehen: »Haeckels natürliche Schöpfungsgeschichte«.
Sie hätte geglaubt, es wäre für Frauen einfach unverständlich. Zu ihrem größten Erstaunen konnte sie dem Verfasser ganz gut folgen – sie brauchte nur aufzumerken und am Tage bei ihren Beschäftigungen das Gelesene in ihrem Kopfe sinnend zu bewegen.
In der »Natürlichen Schöpfungsgeschichte« fand Agathe auf der letzten Seite ein Verzeichnis von Büchern, die empfohlen wurden, falls man sich auf naturwissenschaftlichem Gebiet weiterbilden wollte. Von Haeckel selbst empfohlen – von diesem herrlichen Manne!
So wählte sie lange, ehe sie zwei oder drei der Bücher auf ihren Weihnachtswunschzettel setzte.
Ob Papa ihr wohl die drei Bücher schenken würde? Oder nur zwei? Er war so entsetzlich erstaunt gewesen, als sie ihm ihren Wunschzettel überreichte.
»Du willst ja gewaltig hoch hinaus«, hatte er lächelnd gesagt. »Was willst du dir denn für unverständliches Zeug in dein kleines Köpfchen packen?«
»Ach Papa – ich muß mich ein bißchen bilden!«
»Nun ja – dagegen bin ich durchaus nicht.«
»Die natürliche Schöpfungsgeschichte habe ich ganz gut verstanden.«

»So – die hast du also gelesen? Das war recht überflüssig. Ein andermal fragst du mich, ehe du dir etwas aus meinem Bücherschrank holst. Verstanden? Junge Mädchen fassen dergleichen Werke oft ganz falsch auf.«
»Das Buch mit den schrecklichen Illustrationen?« fragte die Mutter. »Aber Agathe, so etwas möchte ich doch nicht lesen.«
»Mama, es ist wirklich interessant. Und wenn… wenn man nicht heiratet, muß man doch irgend etwas haben, was einem Spaß macht.«
»Na – wir wollen einmal sehen«, sagte der Regierungsrat.
Auf ihrem Weihnachtstisch fand sie ein reizendes Jabot aus rosa Krepp – sie hatte es einmal in einem Schaufenster bewundert – und einen Prachtband mit bunten Bildern: »Die Flora von Mitteldeutschland, zum Gebrauch für unsere Töchter«, – daneben eine geschnitzte Blumenpresse.
»Siehst du, liebes Kind«, sagte ihr Vater freundlich, »hier habe ich ein sehr hübsches Werk gefunden, das besser für dich paßt, als die Bücher, die du da aufgeschrieben hast. Ich blätterte in den Sachen – sie wollten mir gar nicht für mein Töchterchen gefallen. Hier findest du eine Anweisung, wie man Blumen trocknet – daraus fabriziert ihr ja jetzt allerliebste Lichtschirme! Das wird dir auch Spaß machen!«

GABRIELE REUTER *aus: »Aus guter Familie.*
Leidensgeschichte eines Mädchens«

An »Kaisers Geburtstag« trugen wir selbstverständlich unseren Sonntagswichs. Dabei konnte
es durchaus vorkommen, daß das Kleid der
Hauptmannstochter Wittig von dem der kgl.
Lokomotivführerstochter Herta Wagner – meiner
besten Freundin, die das Wort »königlich« sehr
ernst nahm – übertroffen wurde.

ANNELIESE *aus: »Mein Elternhaus«*

Autoritäten

Ein Vater von sechzig Jahren

Der Kindervater hat schwarze Haare, schwarzen Schnurrbart, dichte Brauen, ist hochgewachsen,
schlank, trägt Uniformen, verschiedene im Laufe meiner Kinderjahre, kommt manchmal von der
Straße in den Garten auf Hufen, ein Kentaur, sieht mit hellen, überaus klaren Augen in irgendeine
Ferne, jedenfalls über die Kinder hinweg. Riecht gut, ist angenehm anzuschauen, aber ungemütlich;
ihm um den Bart zu gehen, sich an seine Knie zu schmiegen, wem käme das in den Sinn? Kein Gefühl
von Geborgenheit, dafür Bewunderung, schöne Eltern, so schöne hat kein anderes Kind. Ein Gefühl
von Furcht auch, dem Vater gegenüber, besser gesagt, Unsicherheit nicht wissen, woran man mit ihm
ist, dabei schlägt er die Kinder niemals, brüllt auch niemals, trotzdem. Bürgerliche Väter im ersten
Jahrzehnt dieses Jahrhunderts waren, man vergesse das nicht, noch immer Götter, Herr Vater und Sie
sagte man nicht mehr, die Hand küßte man nicht mehr, aber sonst war so ziemlich alles beim alten, die
Gotteskinder ferngehalten, der Wille des Vaters Gesetz. Warum habe ich an den Kindervater so wenig
Erinnerungen, sehr einfach, ich sah ihn selten, er war von frühmorgens an im Dienst, schlief nachmittags, ging am Abend mit meiner Mutter in Gesellschaften; meine Mutter kam im Paillettenkleid, mit
der Zopfkronenfrisur und langen Ohrgehängen, uns Gute Nacht zu sagen, der Vater war nie dabei.
Während der gemeinsamen Mittagsmahlzeiten überwachten uns Kinder seine friderizianischen Augen,
wir durften nicht schmatzen, die Ellbogen nicht aufstützen, keine Spinat-Kartoffelbrei-Soßen-Land-
schaften herstellen, nicht über das Essen sprechen, nicht tuscheln, aber auch nicht schweigen, vielmehr sollten wir etwas erzählen, das von allgemeinem Interesse war. Konversation also und qualvoll.

MARIE LUISE KASCHNITZ *aus: »Das dicke Kind«*

Wie im ersten Jahrzehnt dieses Jahrhunderts die Kinder des deutschen Bürgertums, auch die Mädchen, in einer Art Uniform, in Matrosenkleidung, herumliefen, was wohl mit der Begeisterung des Kaisers für seine neue Kriegsmarine zu erklären war. Für die Jungen gab es ganze Anzüge aus dunkelblauem Tuch, lange Hosen und enge Blusen, Goldknöpfe und Mützen, die man tief in die Stirn setzte und auf deren Stirnband, genau über den Augen, in Goldbuchstaben der Name eines bestimmten Schiffes, S.M.S. Rügen, S.M.S. Helgoland stand. S.M.S. hieß Seiner Majestät Schiff, und vielleicht hatten manche Kinder unter diesem Kopfschmuck auch das Gefühl, selbst dem Kaiser zu gehören.

MARIE LUISE KASCHNITZ *aus: »Das dicke Kind«*

Warten auf den Kaiser,
um 1912

Als Kinder waren wir stolz darauf, daß wir einen Kaiser hatten, der sich eine Krone aufsetzen durfte, und daß Deutschland ein Kaiserreich war. Etwas mitleidig betrachteten wir »Mademoiselle«, die französische Sprachlehrerin. Sie hatte ja »nur« einen Präsidenten, der einen schwarzen Anzug und einen Zylinderhut trug. Wie glanzvoll war dagegen das Bild des Kaisers!

Den Kaiser einmal persönlich zu sehen, war unser sehnlichster Wunsch. Eines Tages sollte er in Erfüllung gehen. Zur festgesetzten Stunde standen wir am Straßenrand und warteten klopfenden Herzens auf das bevorstehende große Ereignis. Es dauerte einige Zeit, bis sich im etwa 30 Kilometer Tempo zwei Automobile mit zurückgeklappten Dächern näherten.

Als sie uns erreicht hatten, rissen meine Brüder ihre Mützen vom Kopf, und ich starrte gebannt auf die Fahrzeuge. Als sie vorüber waren, tauschten wir erregt unsere Eindrücke aus: »Hast du den Kaiser gesehen?« fragten mich meine Brüder. »Ja, vorne im zweiten Wagen, neben dem Chauffeur, der Herr mit dem Federhut und der blitzenden Uniform.« In meiner Vorstellung konnte der Kaiser nur jemand sein, der sich schon durch glanzvolle Kleidung von anderen Sterblichen abhob.

Ich wußte allerdings nicht, daß ich diesmal den Kaiser mit seinem Leibjäger verwechselt hatte. Der Kaiser selbst hatte in Zivil mit einem Jagdhut auf dem Kopf im Fond des zweiten Wagens gesessen.

HERTA *aus: »Mein Elternhaus«*

Aus Marlenes Tagebuch

Marlene Dietrich, siebzehn Jahre alt

26. FEBRUAR 1913

Auf der Eisbahn war es sehr schön. Ich bin hingefallen, da kam gleich 'ne Menge Bengels an. Adieu fürs erste, süßes Rotchen.
Viele Küsse, *Deine Leni*

17. JANUAR 1914

Auf der Eisbahn spielen sie jetzt immer »Die Männer sind alle Verbrecher«, stimmt, ausgenommen gewisse Leute (Losch, Papa, Onkel Willy) u. denn noch vielleicht jemand mit F.S.? Na, ich will nicht ausschreiben, es könnte mal jemand aufschließen. Jetzt muß ich aufhören, ich hab' gleich Violinenstunde.
Adieu, *Deine Leni*

Leni dachte darüber nach, ihren Namen abzuändern. Kaum hatte der Lehrer ihr den Rücken zugedreht, probierte sie auf den hinteren Seiten ihres Schulheftes verschiedene Versionen aus. »Marie Magdalene«, die zwei E statt des A am Ende der Namen machten sich gut. Vatel hieß nach einem französischen König, man hätte ihr also auch einen französischen Namen geben sollen. Vielleicht hatten die Eltern ihren Namen auf A enden lassen, weil alle Dienstmädchen Marie hießen? In ihrer mühseligen Schönschrift malte sie ihren vollen Namen. Wie lang das dauerte! Vielleicht ging es auch kürzer:

»Marialena«, »Marlena«, das hörte sich nicht schlecht an. Hier könnte sich das E am Ende gut machen: »Marlene«. Wieder schrieb sie »Marlene« – »Marlene Dietrich« – ja, das war es! Das gefiel ihr! Ein paar Mal übte sie den neuen Namen, dann schlug sie zufrieden das blaßblaue Schulheft zu. Mit dreizehn Jahren hatte sie für sich den Namen »Marlene« gefunden.

Vom Ural bis zu den üppiggrünen Hügeln Irlands lag ein besonderer Zauber über diesem Sommer des Jahres 1914. Goldene Tage wie diese erlebt man nicht allzu oft. Jeder war unterwegs in die Ferien, an die See, in die Berge. In den zahlreichen Straßencafés der Stadt drängten sich die Gäste und genossen bei gekühltem Rheinwein und eiskalter Limonade das milde Sonnenlicht. In den Parkanlagen blühten die Akazien, Kinder in weißen Matrosenanzügen trieben Holzreifen voran, an ihren Strohhüten flatterten lange, marineblaue Bänder. In den herrlichen Anlagen des berühm-

ten Berliner Zoos spazierten englische Kindermädchen mit ihren in Spitze gehüllten Schütz-
lingen in den hochrädrigen Kinderwagen auf
und ab. Damen mit Sonnenschirmchen und
blumenbedeckten Musselinkleidern führten
ihre Hündchen aus, junge Männer ruderten ihre
Mädchen über die stille Spree. Sie lebten in dem
Glauben an eine glorreiche Zukunft, an ein
Leben, das immer so schön bleiben würde.
In Sarajevo, einer Stadt an der Grenze zwischen
Serbien und dem kaiserlichen und königlichen
Reich von Österreich-Ungarn, befand sich der
österreichische Kronprinz Franz Ferdinand auf
einem Staatsbesuch.

15. AUGUST 1914
Jetzt ist Krieg! Schrecklich! Vatel ist am
6. August nach dem Westen ausgerückt. Mutti
weint immerzu. In Harzburg war's nett.
Der Tanzmeister hieß Lepitre. Er war süß.
Ich glaube, unsere Schule wird geschlossen. Es
gibt keine französischen Mädchen mehr. Noch
ein paar englische. Gestern hatte ich meine
Violinenstunde und spielte für Deutschland.
Leni

4. FEBRUAR 1917
Ich hatte einen Riesenkrach mit Mutti. Als sie
sagte, wenn ich mit so vielen Pennälern ginge,
wäre ich mannstoll. Erstens »treibe« ich mich
nicht mit Jungen »rum«, und zweitens wäre die
Freundschaft mit Bekannten – man braucht
sich ja nicht gleich zu lieben – noch lange nicht
mannstoll. Ich werde immer erst darauf gestoßen, in allen harmlosen Sachen etwas Schlim-
mes zu sehen.
Sie sagte: Wenn du mannstoll wirst, kommst
du in eine Pension. Puh! Ich finde das alles so
dumm und angesucht, und ich meine: Hier ist
es doch sehr langweilig. Und wenn man denn
mal mit 'nem Pennäler auf der Eisbahn spricht,
dann ist man »mannstoll«. Nee, nee, das ist
zuviel für mich.

Ich muß viel an meiner Rolle üben, denn wir
wollen in der Schule die »Gouvernante« von
Kohne aufführen. Ich bin Franziska. Ich weiß,
daß ich zur Bühne gehen werde.

Grausig ist das, wenn man keinen, aber nicht
einen einzigen Menschen hat, dem man sagen
kann, was man fühlt und der dann nicht gleich
mit guten Ratschlägen kommt, wie Mutti im
Falle man ihr etwas erzählen würde. Trotzdem
sie immer behauptet, die »Freundin« ihrer
Kinder zu sein. Na, ich möchte mal wissen, was
für winzige Freuden ich noch hätte, wenn ich
ihr alles sagte!! Und ich habe solche Sehnsucht
nach so vielem Unerreichbaren wie ein kleiner
Backfisch in seiner Schülerliebe. Schön ist das
gar nicht, wenn man so viele Stimmungen hat
und darum oft so arg traurig ist.

7. JULI 1918
Ich liege im Bett, da mir schlecht ist. Der Arzt
hat bei mir eine Herzmuskelerschlaffung festge-
stellt. Ich darf am Tage alles in allem nicht mehr
wie 60 Minuten gehen und zwar langsam. Ich
bade früh in Schwefelsäure. Dann muß ich
gleich bis fast zum Mittag liegen. Nachher
noch zwei Stunden. Dazwischen darf ich zum
Brunnen und wieder zurück. Das sind nun
meine schönen Ferien, auf die ich mich so
gefreut hab! Mit dem Tanzen ist es aus. Ich hab
angefangen, nette bayrische
und österreichische Lieder zu
singen, um meine schwache
und brüchige Stimme zu stär-
ken. Ich spiele viel auf meiner
Mandoline und träume vor
mich hin. Mutti sagt: »Träum
ruhig, aber nichts Sinnloses.«

Aus: »Meine Mutter Marlene«

*Bleichsucht war um 1900 eine der am häufigsten
diagnostizierten Krankheiten bei jungen Mädchen*

Lernen

Bei den Herbstmanövern zum Gedenken an die Schlacht bei Jena 1906 hatten die Jungen schulfrei bekommen. Einige ältere Schülerinnen setzten ein Telegramm an die Großherzogin, Schutzpatronin unserer Schule, auf und baten, sie möge auch uns die Teilnahme an den Manövern erwirken. Ich brachte es mit einigen Mitschülerinnen in der Pause zur Post. Schon eine Stunde später wurde die ganze Schule in der Turnhalle versammelt; es ging ein Strafgericht nieder, und die Schuldigen wurden aufgefordert, sich zu melden. Von den älteren Schülerinnen rührte sich niemand. Wir jüngeren traten vor; eine schlechte Zensur in Betragen war die Strafe.

Härter, aber nicht allzu hart traf es mich, daß man mir das Amt der Klassensprecherin entzog, weil ich mich mit einem Rosenkranz im Haar auf dem Marktplatz hatte sehen lassen, um mit anderen buntgekleideten jungen Menschen in blumengeschmückten Kremserwagen zur Sonnwendfeier nach Dornburg zu fahren. Das galt als unstatthaft für eine Schülerin von sechzehn Jahren. Die übrigen Teilnehmer hatten die Schule hinter sich.

ELISABETH *aus: »Mein Elternhaus«*

Einmal erwartete Trude einen »blauen Brief«. Aus Angst vor dem Vater beschlossen wir zwei, diesen Brief abzufangen. Es gelang. Mit Herzklopfen öffneten wir ihn und lasen: »Wenn Ihre Tochter Gertrud ihre Leistungen in Französisch und Englisch nicht wesentlich verbessert, so wird sie das Ziel der Klasse nicht erreichen …« Wie gräßlich! Wir warfen den Brief sofort ins Feuer…

MARGARETE *aus: »Mein Elternhaus«*

Absolventinnen des Instituts der Englischen Fräulein in
Regensburg feiern ihren Abschluß, 1911

In die männlichen Gymnasien
aufgenommen zu werden, war undenkbar

In Würzburg hatte sich in den Universitätskreisen eingebürgert, daß die jeweils schulreifen Kinder zu einer Gruppe zusammengefaßt und in Privatstunden von einem Volksschullehrer unterrichtet wurden.

Es ist anzunehmen, daß die Pleicherschule, die für uns zuständig gewesen wäre, uns mit schmutzigen Kindern zusammengebracht, ansteckenden Krankheiten und bösen Sitten ausgesetzt hätte, daß das mindestens für wahrscheinlich galt. Wir sollten vor den *four letter words* bewahrt werden.

Herr Großmann hatte sich bereit und fähig erklärt, uns bis zum Abschluß der Höheren Töchterschule zu bringen; mehr war für die große Zahl heranwachsender Mädchen in Würzburg sowieso nicht vorgesehen. Mein Vater hatte einmal nebenher gefragt, was ich vorhätte; wir standen am Fenster im Studierzimmer;

ich sagte: »Selbstverständlich studieren« – und sah an seinem Gesicht, daß ihn das freute. Für meine Freundinnen war es nicht selbstverständlich. Nur eine dachte vorübergehend daran, zog es aber vor, in Miesbach die Gärtnerei zu erlernen.

MARGRET BOVERI *aus: »Verzweigungen«*

27

Die Brüder sind auch nicht klüger als ich …

In die Zeit vor diesem Schulwechsel fiel mein erster naiver Versuch, mir einen Weg zum Studium zu bahnen. Der Spiritus rector war unser ältester Bruder Peter, der überhaupt äußerst unternehmend war. Wir bastelten alles mögliche und unmögliche zusammen, und unsere Experimente waren nicht immer ungefährlich. Er meinte, ich hätte viel praktischen Sinn und wäre genau wie er selbst für ein technisches Studium geeignet. Es wurde beschlossen, daß ich zum Rektor der nahe der elterlichen Wohnung gelegenen Technischen Hochschule gehen und ihn fragen sollte, auf welchem Wege wohl am sichersten und schnellsten später der Zugang zum Studium an der Technischen Hochschule möglich sei.

Wir wußten zwar, daß die Absolvierung des Abiturientenexamens im allgemeinen an allen Universitäten und Hochschulen die Voraussetzung für das Studium war, aber – so spekulierten wir – vom »Allgemeinen« gibt es auch Ausnahmen, und diese Ausnahme – so hofften wir – sollte dann später der Vater erwirken. Damals ahnte ich nicht, daß ich noch dreizehn Jahre später seine Hilfe brauchen würde, um an der Friedrich-Wilhelms-Universität – vorerst ohne Ablegung des Abiturs – studieren zu dürfen.

Der Besuch beim Rektor war natürlich erfolglos. Der erstaunte Pedell vermutete in dem Mädchen wohl eine junge Verwandte des Rektors, brachte es nach oben und meldete es an. Das Erstaunen des Rektors mischte sich im Laufe der Unterhaltung mit Heiterkeit. Er fragte, ob die Eltern von dem Besuch wüßten. »Nein!« Wer den Rat dazu gegeben habe? – »Der ältere Bruder, der auch Ingenieur werden will, ich selber will Architekt werden.«

Nun gab der Rektor selber die Antwort. Sie war natürlich negativ, aber sie bedeutete in ihrer Wirkung noch viel mehr, und ich habe sie in den folgenden Jahren und Jahrzehnten nie vergessen. Der Rektor meinte nämlich: »Das ist nichts für Mädchen, sie würden es doch nicht verstehen, was hier gelehrt wird.« Meine Antwort war, bei allem Respekt: »Die Brüder sind auch nicht klüger als ich, einer ist sogar in Latein mangelhaft.« Aber auch dieser Hinweis nutzte nichts.

MARIE ELISABETH LÜDERS aus: *»Fürchte dich nicht«*

Es ist Krieg!

Als 1914 die ersten Siegesnachrichten eintrafen und die Kinder mit schwarz-weiß-roten Fähnchen durch die Straßen liefen und »Hurra« schrien, verbot uns das unser Vater. Er erzählte uns von den alten Griechen, die gelehrt hatten: Du sollst bei einem Siege stehen wie bei einer Trauerfeier.

EMMI BONHOEFFER aus: *»Essay. Gespräch. Erinnerung«*

*Emmi Bonhoeffer, geb. Delbrück,
Weihnachten 1917*

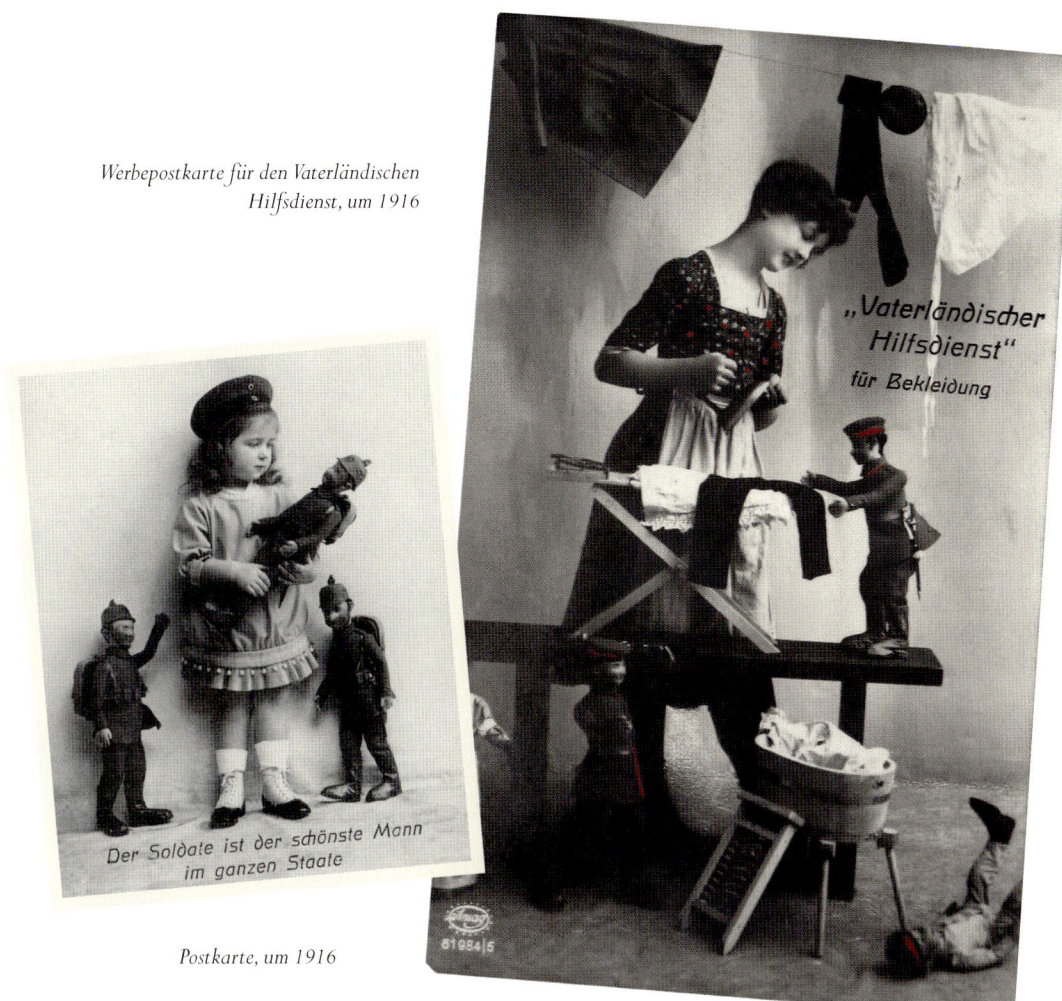

Werbepostkarte für den Vaterländischen Hilfsdienst, um 1916

„Vaterländischer Hilfsdienst" für Bekleidung

Der Soldate ist der schönste Mann im ganzen Staate

Postkarte, um 1916

Als es soweit war, lag ich schon im Bett. Meine Eltern waren aus. Plötzlich stürzte Bawet vom Küchenbalkon an meinem Zimmer vorbei, schrie: »Es ist Krieg!« und rannte zur Wohnungstüre hinaus. Sie hatte einen Liebsten in der Kaserne jenseits des Mains. Ich riß mein Nachthemd herunter, ein gelbes Kleid über den Kopf, nichts drunter an, rannte die Treppen hinunter, zog mein Rad aus dem Vorkeller, fuhr los in ein Gewühl von Menschen. Das war mein Kriegsanfang: Hitze, Getöse, die einbrechende Dämmerung, die dunklen Bäume am Ende des Glacis, die Brücke, dicht gedrängt und bewegt, das Kleid, das hochfliegen wollte, durch einen tief sitzenden Gürtel kaum gehalten – niemand hätte es bemerkt, alle waren mit sich beschäftigt, alle waren außer sich, murmelnd, schreiend, und ich war mitgerissen und erhoben als ein Teil von ihnen allen. Am nächsten Tag war die Welt verwandelt. Durch unsere Straßen zogen Züge um Züge von Soldaten. Sie waren auch verwandelt, nicht mehr in Blau, das ihnen so gut stand – in Feldgrau. Jedermann wollte mittun, beitragen. Wir Kinder leerten unsere Sparkassen, kauften Zigaretten für die Soldaten. Unsere Mädchen standen mit Sträußen an der Straße. Manche weinten, wenn sie den ihrigen auf einer Protze erkannt hatten. Die Väter gingen zur Bank, spendeten Geld für den Krieg, mein Vater aber auch für die Bevölkerung von Höfen. Er wußte gleich, daß sie es schwer haben werde. Die Mütter in weißen Schürzen lösten sich am Bahnhof ab, Tag und Nacht, strichen Bröder, schenkten Kaffee ein. Nun standen die Kommerzienrätinnen vom oberen Ende der Bismarckstraße einträchtig neben den Professorenfrauen. »Ich kenne keine Parteien. Ich kenne nur ein Volk.«

MARGRET BOVERI *aus: »Verzweigungen«*

29

Sehnsucht

Clara im Musselinkleid, um 1910

Die Ada schwärmt furchtbar vom Theater. Sie war öfters in St. Pölten im Theater und ist in einen Schauspieler verliebt, in den alle Damen in St. Pölten verliebt sind. Deshalb will sie zum Theater gehen und weil sie frei und ungebunden leben will. Darum möchte sie so gerne nach Wien kommen. Wenn sie nur bei uns wohnen könnte. Sie sagt, sie verschmachtet in dem öden Nest, in H. Sie verträgt die engen Verhältnisse nicht!! In St. Pölten hat sie ihr ganzes Taschengeld für Blumen für ihn ausgegeben. Für ein paar Monate möchte ich ganz gern einmal weg von zu Hause. Die Ada sagt, das ist sehr gut, da lernt man erst die Welt kennen; zu Haus versumpft und verdumpft man nur. Wenn sie so spricht, da sieht sie wirklich wie eine Schauspielerin aus, und Talent hat sie bestimmt; das sagt auch ihr Deutschlehrer in der Schule. Sie durfte immer die längsten Gedichte deklamieren und die Kinder baten immer den Lehrer, daß sie aufsagen dürfe.

Aus: »Tagebuch eines halbwüchsigen Mädchens«

Eine neue *Romantik*

Karl Ludwig Guttenberg tauchte auf, sagte, wir müßten bei der Jugend anfangen, eine neue Erziehung aufbauen. Dasselbe sagten Alma und Kreiner; sie hatten inzwischen geheiratet, sahen sich als künftige Leiter der Sophienschule, wollten einen neuen Geist einführen. Ein Jugendbund entstand. Wer hat ihn gegründet, wer hat ihm den Namen gegeben? Ich weiß es nicht. Ich war eine der Führerinnen, hatte eine Gruppe aus einer Klasse von Dreizehnjährigen. Wir Älteren kamen regelmäßig abends mit Alma zusammen, lasen Fichtes »Reden an die deutsche Nation«, eine schwierige Lektüre. Wir machten Fahrten. Bei der ersten, die ich führte, mußte noch eine Lehrerin dabei sein, die Englischlehrerin, im Grunde eine gütige, ältere Person. Aber Aufmucken gegen das Alter gehörte zum Stil: so sangen wir besonders laut: »Die Gedanken sind frei«. Im Herbst ein Lagertreffen, Zelte, Feuer, Romantik. Bei der zweiten sommerlichen Fahrt mit

30

meiner Gruppe war ich Studentin, führte allein. Wir besuchten die alten Mainstädte, Ochsenfurt, Marktbreit, alles zu Fuß, schliefen auf Heuböden, kratzten unreife Kartoffeln aus den Feldern, brieten sie in Asche. Die Mädchen schwärmten mich an. Ich wurde mir bewußt, daß ich mit ihnen hätte anfangen können, was ich wollte. Und ich erkannte, daß ich genau das nicht wollte. Warum, wußte ich erst, als es ans Lehren ging. Dieses Wissen: ich könnte führen, könnte begeistern und mitreißen, aber ich will es nicht, mag ein Erbteil von meinem Vater gewesen sein. Einer seiner Mitschüler aus der Gymnasialzeit hat beschrieben, daß die damaligen Primaner bereit gewesen wären, ihm zu folgen; er enthielt sich. Für mich war diese Erfahrung einer der Gründe, warum ich mich zurückzog. Der andere war ein antisemitischer Vorfall. Wir hatten genug Geld beisammen, um für unsere Zusammenkünfte ein Kellerlokal zu mieten. Jedes Mal gab es etliche Neuanmeldungen. Kassiererin war Herta: an einem Tisch in der dunkelsten Ecke trug sie die neuen Namen in ein Buch ein. An diesem Abend merkte ich nichts, ging vielleicht früher nach Hause. Am nächsten Morgen platzte Hertas Empörung: »Ich habe nicht die Absicht, Mitglied eines Judenvereins zu sein.« »Was ist denn los?«

»Drei Manassemädchen haben sich einschreiben lassen, gleich drei auf einmal, so eine Frechheit!« »Warum hast du sie denn dann aufgenommen?« »Es war so dunkel, ich konnte sie kaum sehen. Ich konnte doch auch nicht sagen ›wir wünschen euch nicht‹.« Die Wellen gingen hoch. Alma war, wie ich annehme, in einem schweren Konflikt. Im Gegensatz zu den katholischen, meist klösterlichen Mädchenschulen Würzburgs hatte die private Sophienschule die Töchter der besten jüdischen Familien. Einen solchen Kreis von Schülerinnen durfte sie nicht verlieren. Alma mußte sich jeder antisemitischen Äußerung enthalten. Und war doch schon damals auf der Gegenseite?

MARGRET BOVERI
aus: »Verzweigungen«

Mädchen aus dem Wandervogel-Bund

Mädchen-Wandergruppe, um 1913

Kurze Röcke, kurze Haare, kurze Freiheit

1919 – 1932

Zeitblende

Gründung der Weimarer Republik • 1919 Allgemeines Frauenwahlrecht in Österreich • Im Januar 1920 tritt der Frieden von Versailles in Kraft • Volksabstimmung in der Schweiz; die Mehrheit stimmt gegen das Frauenwahlrecht • Im Deutschen Reich werden ab 1920 Frauen zur Habilitation zugelassen • Frauen beteiligen sich erstmals an den deutschen Leichtathletikmeisterschaften • 24. Juni 1922: Ermordung des deutschen Außenministers Walther Rathenau durch rechtsextreme Antisemiten • Ende 1923: Auf dem Höhepunkt der Inflation kostet 1 Kilo Roggenbrot 470 Milliarden Mark • Einführung des Schilling statt der Krone in Österreich • Immer mehr Frauen arbeiten in den Büros der Städte • 1925 sind in Deutschland 11,6 Millionen Frauen erwerbstätig, die meisten davon als Arbeiterinnen • 1929 fordern eine Viertelmillion Schweizerinnen und Schweizer in einer Petition die Einführung des Frauenstimmrechts, die Forderung wird jedoch ignoriert

Blumen für die Reichswehr im oberschlesischen Kreuzburg. 1922 wurde Oberschlesien als Folge des Versailler Friedensvertrags zwischen Polen und Deutschland aufgeteilt

Wir haben Besatzung…

Apfelsinen haben die Engländer und Custard Powder. Alle sprechen Englisch, als wenn nichts dazu gehöre, wir Kinder haben es auch schon gelernt. Ich kann sogar schon drei verbotene Flüche und das Lied von »Little Tom Tucker« und »To bed, to bed says sleepy head …«. Nach Uniform riechen die Engländer, nach Zigaretten und Pferden. Sofort rieche ich unter vielen Leuten einen Engländer heraus, ich brauche gar nicht hinzugucken.

Die Engländer sind keine Feinde mehr, wir haben nämlich Frieden und Butter und Fleisch und Ostereier aus Marzipan und Hasen aus Schokolade. Glauben kann man überhaupt nichts mehr. Unsere Klassenlehrerin hat nach dem Waffenstillstand gesagt, wir sollten die Engländer fürchten und nicht beachten, weil sie mit dem perfiden Albion zusammenhingen. Wir sollten Würde bewahren und auch nicht mehr auf der Straße spielen. Sie dachte wohl, der Feind würde uns auf der Straße erschießen oder

Nach dem Ersten Weltkrieg verändert sich die Frauenmode: keine einengenden Mieder, keine knöchellangen Röcke mehr

stehlen. Natürlich war wieder nichts davon wahr. Kein Engländer hat Interesse daran, Kinder zu stehlen, sie haben selbst welche. Sie verschenken sogar Kinder. Ich habe selbst gehört, wie Elise der Tante Millie erzählt hat, das Mariechen Heuser vom Hausmeister bekäme ein Kind von einem englischen Sergeanten. Elise weiß immer genau, was in der Nachbarschaft vorgeht. Das Mariechen ist groß und dick mit kunstvoll aufgetürmten Locken und mit roten Backen wie Mohnblumen. Jetzt weint sie manchmal, weil verschiedene Leute eklig zu ihr sind, denn man soll von den Engländern nichts annehmen und sich nichts schenken lassen aus Stolz. Dabei sind alle froh, wenn sie was kriegen. In unserer Waschküche haben die Engländer eine Kantine – da sind Hunderte von Kindern, immerzu, man kann sie nicht zählen. Sie essen echtes Weißbrot mit Jam und nehmen Suppe mit, da sind richtige Fleischstücke drin – die Frau Meiser sagt, das wäre die reinste Friedensware. Und alle Mütter tun, als wüßten sie nicht, daß die Suppe von den Engländern ist.

IRMGARD KEUN *aus:* »*Das Mädchen, mit dem die Kinder nicht verkehren durften*«

Zugang zu einer neuen Welt

Wir gingen ans Flußufer zurück und setzten uns. Der Knabe blickte scharf auf die besonnten Steine, griff plötzlich zu und hielt eine Blindschleiche in der Hand. Er steckte sie in den Halsausschnitt seines Hemdes, ließ sie an seinem Körper hinabgleiten und fing sie über seinem Knie wieder auf. Dann reichte er sie mir. Er blickte erwartungsvoll, begierig und zugleich höhnisch auf mich. Ich zögerte, da ich das kalte, glatte Tier in meiner Hand sich winden fühlte. Ich empfand Grauen. Dann aber unterwarf ich mich. Ich ließ die Blindschleiche in mein Kleid kriechen und spürte sie mit Schaudern auf meiner warmen Haut. Doch endlich war auch dies überstanden, und ich hielt das Tier wieder in meiner Hand. Ich reichte es dem Knaben, und er gab es frei. Dann standen wir auf. Ich begriff, daß ich erprobt worden war und bestanden hatte. Nun sprach er mit mir in einer fremden, wohlklingenden Mundart. Er sagte: »Kannst du Flöten schnitzen?« Ich verneinte. Er schnitt einen Ast von einer Weide, bohrte Löcher hinein und begann zu blasen, erst prüfend den und jenen Ton, eine Tonleiter und schließlich ein Lied. Die Flöte klang nicht rein, aber sie klang traurig und schön. Er schenkte sie mir. Dann fragte er: »Kannst du zaubern?« Ich konnte es nicht, ich hatte es nie versucht. Er sagte: »Wenn dir einmal einer etwas Böses antut und du willst dich rächen, dann mußt du es so machen.« Er hob ein leeres Schneckenhaus auf. »Da hinein legst du drei Haare von dem Menschen und läßt eine Schlange darüber

kriechen. Dabei mußt du den Namen aussprechen. Dann wird der Mensch von einer giftigen Schlange gebissen und muß sterben.« Ich war bestürzt und wagte einen Einspruch: »Aber das darf man doch nicht! Das ist doch gegen das fünfte Gebot.« Er sah mich verständnislos an. Ich erkannte, daß er nichts von den Geboten wußte, die mein Leben leiteten, und ich begann schaudernd zu ahnen, daß dieser Knabe einer Welt zugehörte, die ich nicht kannte, die ich nicht kennen durfte, die gefährlich, wirr und dunkel war. Ich dachte an das Kloster, an den Morgengesang der Nonnen, an meine kleinen frommen Gebete, an Maß und Ordnung meines Lebens, und plötzlich sah ich dies alles beiseitegeschoben, von einem erstaunten Knabenblick entkräftet, entwertet, verworfen. Dafür aber bot sich mir der Zugang zu einer neuen Welt, die unsicher, fremd und mir verboten, aber voll Kraft und Leben, voll Farbe und heißer Lockung war. Inzwischen aber hatte es begonnen zu dämmern, ich sah es mit Schrecken. »Ich muß jetzt gehen«, sagte ich. – »Warum?« fragte der Knabe. – »Ich muß beim Abendläuten zu Hause sein.« – »Warum mußt du?« Ich konnte es nicht sagen. Es war ein Gebot, dem ich blind gehorchte. »Wo bist du zu Hause?« fragte er. – »In Sankt Georgen, im Kloster. Und du?« Er deutete mit einer weiten, unbestimmten Gebärde auf den Auenwald, auf den Fluß, auf die Waldhügel jenseits des Wassers. »Wo ist euer Haus?« fragte ich. Er schüttelte den Kopf und wiederholte seine Gebärde und lächelte, als wollte er sagen: dies wirst du nie begreifen. Ich aber begriff und beneidete den Heimatlosen, den Schweifenden, den Wildling. »Bleib bei mir« bat er. Ich erbebte vor dieser Lockung, ich erschrak vor meiner willigen Bereitschaft, ihm nachzugeben. Laut aber rief ich: »Nein, nein!« und wandte mich zum Gehen. Wortlos und ohne mich anzublicken

nahm er meine Hand und führte mich durch die Flußauen, vermied sicher alle Sümpfe und Dornhecken und gab mich erst frei, als wir am Eingang des Dorfes angekommen waren. Ich flüsterte ihm zu: »Besuche mich. Einmal. Später. Nicht morgen.« Er nickte und verschwand in der Dämmerung. Ich wurde von der besorgten Mutter scheltend empfangen. »Wo warst du so lang?« – »Im Wald«, sagte ich und fühlte Trotz in mir aufsteigen. – »Nie mehr läufst du allein weg, ohne zu fragen, hörst du?« Sie versetzte mir, um mir das Gebot einzuprägen, einen Schlag. – »Doch lauf ich wieder weg«, sagte ich, stampfte mit dem Fuß und blickte der Mutter frei und zornig ins Gesicht. Sie war erstaunt, noch nie hatte sie solch flammende Wildheit an mir erlebt. Sie schlug mich wieder, ich nahm es stumm und fühllos hin. Ohne Abendessen wurde ich zu Bett geschickt. Dort aber weinte ich unter der Decke und sehnte mich nach dem Heimatlosen, Freien, Ungesetzlichen.

LUISE RINSER *aus: »Die gläsernen Ringe«*

Freizügige Bademoden Anfang der Zwanziger

... warum sollten
Frauen beschränkter
sein als Männer?

Mutige junge Frauen dringen in berufliche
Domänen der Männer vor

Konventionen

Meine Mutter war noch sehr der Konvention verhaftet, und vieles von dem, was sie sagte, empfand ich schon in jungen Jahren als Klischee. Eines Tages erklärte sie im Hinblick auf eine sehr gescheite Frau, die sich des längeren über Oswald Spenglers »Untergang des Abendlandes« ausgelassen hatte, ganz apodiktisch: »Frauen sind gar nicht imstande, Spengler zu verstehen.« Mich ärgerte das sehr, und ich beschloß, sobald ich groß sein würde, Spengler zu lesen – daß ich ihn verstehen könnte, schien mir unzweifelhaft, denn warum sollten Frauen beschränkter sein als Männer. Allerdings hatte ich ein paar Mal erlebt, daß weibliche Besucher nicht in der Lage waren, sich einen Zug im Kursbuch selber herauszusuchen, was ich recht beschämend fand.

MARION GRÄFIN DÖNHOFF *aus: »Bilder, die langsam verblassen«*

Das Recht zu entscheiden, ja oder nein zu sagen

Meine Kindheit war unstet, einsam und verwirrend; feste Figuren waren Kindermädchen, gelegentlich mein Vater, was wunderbar war, und ab sieben Jahren meine Mutter, als wir endlich wieder in eigenem Haus an der Ostsee waren.

Ich erinnere mich nicht an Puppen und Spielzeug, sondern immer an Bücher, wie die meiner Kinderzeit, die ich noch besitze; auch heute liegt mir mehr an meinen Büchern als an sonstigem Besitz.

Ich wurde wenig beaufsichtigt und nutzte die Freiheit zu langen Spaziergängen zu jeder Jahreszeit. Dieses schöne und freie Leben hörte auf mit dem Tod meines Vaters. Mit zehn Jahren verließ ich das große Haus an der Ostsee und zog für zwei unglückliche Jahre nach Berlin; meine erste Einschulung in einer Mädchenschule war katastrophal, so daß meine Mutter auf den Rat von Verwandten mich ins Internat nach Salem schickte, wo mein Leben mit zwölf Jahren richtig anfing.

Endlich gehörte ich zu einer Gemeinschaft, in der Erwachsene und Kinder ihren Platz hatten und wo feste Regeln unser Leben bestimmten. Auf dem Lande waren Tiere ebenso wichtig – vielleicht sogar oft wichtiger als Menschen gewesen; in Salem bekam ich Freunde, deren Leben ich teilte, die mir wichtiger wurden als meine Familie, und für die ich bereit war, Opfer zu bringen. Unser Leben wurde ganz von dem Zusammenleben und dem Geist der Schule bestimmt. Salem gehörte zu den Landschulheimen, die eine frei-

Alice von Platen (2. von links) während ihrer Schulzeit in Salem

heitliche progressive Erziehung der Kinder befürworten; in Salem und in der Odenwaldschule waren auch Mädchen. Das Salemer Leben wurde von den genialen Erziehern Kurt Hahn und Marina Ewald bestimmt. Hahn war in seiner Jugend tief beeindruckt von einem Aufenthalt in Oxford gewesen und hatte manches vom englischen System in Salem übernommen; es gab den Ansatz eines Schülerparlaments, dessen Meinung ernst genommen wurde, wie überhaupt Kritik und Diskussion der Regeln erlaubt waren. Wir wurden zur Selbstverantwortung aber vor allem zur Verantwortung für die Gemeinschaft erzogen; man mußte oft auf eigene Wünsche verzichten, wenn Hahn sie nicht billigte! Hahn erzog uns im Sinne einer liberalen Politik, und wir glaubten alle an das neue Deutschland, in dem wir aufwuchsen. Fortschrittliche Jugendgruppen gab es damals in den zwanziger Jahren überall in Deutschland, was häufig übersehen wird, da die rechtsextremen Gruppen bald von sich reden machten und viele die Weimarer Republik ablehnten. In Salem gab es Diskussionsabende über weltanschauliche und geschichtliche Themen, die uns sehr bewegten; ich erinnere mich an eine besonders heftige Debatte, bei der Golo Mann für und Hahn gegen den Pazifismus sprachen.

Ich verließ Salem 1928. Die Schule brachte mir das große Erlebnis des Lebens in und mit der Gemeinschaft, aber auch das Recht, zu entscheiden, ja oder nein zu sagen.

ALICE RICCIARDI-VON PLATEN

Schule Schloß Salem, 1926/1927

Die Kinderschürze

Der Schutz der Kinderkleidung durch Schürzen ist ein im 19. Jahrhundert auftretendes Phänomen. Kleine Mädchen trugen insbesondere sonntags weiße Schürzen. Mit ihrer Sauberkeit konnte auch in sozial niederen Schichten bürgerlichen Reinlichkeitsmaßstäben entsprochen werden, die sich seit dem ausgehenden 18. Jahrhundert herausgebildet hatten. Die Schürze galt als sichtbares Zeichen des Arbeitens und bereitete kleine Mädchen früh auf ihre spätere Rolle als Hausfrau oder Dienstmädchen vor. War sie in der Mode bereits im 18. Jahrhundert abgelegt worden, so behielt sie in der ländlichen Kleidung noch länger ihren Platz. Im Verlauf der ersten Hälfte des 20. Jahrhunderts entwickelte sie sich zum typischen Kleidungsstück für Kinder beiderlei Geschlechts. Schulschürzen sollten die Kleinen vor Überheblichkeiten und Eitelkeiten gegenüber den Mitschülern bewahren. Ob Apfelernte, Spielen, Basteln oder Schneemannbauen, die Schürze bildete den unabdingbaren Kleiderschutz für Jungen und Mädchen.

Die 1928 in Ansbach geborene Lotte, Tochter eines Arztes, trug zu Beginn der 1930er Jahre eine Schürze aus Gminder-Halblinnen mit roten Handdruckmotiven. Die Mutter des Kindes wählte den mit Tiermotiven bedruckten Stoff aus, weil er sich deutlich von der angebotenen Massenware abhob. Das Schürzchen bezog sie wohl direkt beim Hersteller der Druckstoffe: Christian Deutsch in Schwäbisch Hall. Dieser machte schon seit Mitte der 1920er Jahre

Werbung für seine Erzeugnisse in der sich an konservative Frauenkreise richtenden Zeitschrift *Neue Frauenkleidung und Frauenkultur*. Die Stoffe aus Schwäbisch Hall muten vielfach expressionistisch an.

Die Firma warb in dem von ihr herausgegebenen Heft *Stoff und Kleid. Zeitschrift für artgemäße Stoffe für Kleid und Heimschmuck* 1933/34 mit dem so genannten »Tierlesstoff«. Er wurde vorzugsweise zu Kinderschürzen und -kleidern verarbeitet.

Wie schnell der Stoffverlag die nationalsozialistische Propaganda nutzte, um möglicherweise die Umsätze zu erhöhen, geht aus der Einleitung seiner Broschüre hervor, wobei der Familienname schon zu allerlei deutschtümelnden Wortspielereien Gelegenheit bot. So las man: »Wir möchten behaupten, daß man an dem Verhalten einer Frau zu echt deutschen Stoffen, beispielsweise zu den Deutsch-Handdruckstoffen, den Prozentsatz ihres arischen Blutes feststellen kann. Eigenartig und auffallend ist auf jeden Fall, daß z. B. Deutsch-Handdruckstoffe in jüdischen Kreisen fast durchweg abgelehnt werden …« Sicher hatte die Käuferin keine Kenntnis darüber, daß der Erwerb als Arier-Nachweis fungieren sollte. Die werbenden Worte demonstrieren vielmehr die Indienstnahme politischer Propaganda zur Vermarktung alltäglicher Produkte.

CLAUDIA SELHEIM

Lottes Schürze mit den Tiermotiven, um 1930

Wege zu Kraft
und Schönheit

Filmszene aus »Wege zu Kraft und Schönheit«

Am 16. März 1925 fand im Berliner Ufa-Palast am Zoo die Uraufführung des Ufa-Films »Wege zu Kraft und Schönheit« statt. Vom Publikum und der Kritik wurde der Film bejubelt:

Dieser Kulturfilm will in unserem Zeitalter, in dem die meisten Menschen im Zwange ihres Berufslebens ihren Körper vernachlässigen müssen, aufrufen zur Pflege des Leibes und will zeigen, wie wichtig für jeden die Erhaltung und Durchbildung eines gesunden Körpers ist. Es ist viel in dieser Hinsicht bei uns gesündigt worden. Vor dem Kriege wurde fast allein durch die militärische Erziehung unsere männliche Jugend körperlich durchgebildet, der weiblichen Jugend mangelte eine solche Durchbildung leider völlig. Seit dem Kriege regt sich überall ein gesunder Sportsgeist, der auch die weibliche Jugend erfreulicherweise ergriffen hat, und die Bestrebungen einer zweckmäßigen Pflege und Ausbildung des Körpers setzen sich immer mehr durch.

*Berliner Sportstudentinnen
beim Boxtraining, 1928*

Fehlbesetzung

Die auserwählten Kinder sollten Rollen im Krippenspiel übernehmen und waren dadurch von allen Hausarbeiten und unangenehmen Nachmittagsbeschäftigungen befreit. Von dem Spaß während der Proben gar nicht zu reden.

Ich, die zweitbeste Schülerin in der Klasse, wurde niemals aufgerufen. Bei allen anderen Gelegenheiten hielt man sich an mich: wenn ein Gedicht aufgesagt werden mußte oder wenn es darum ging, einen wichtigen Besucher mit einer kleinen Rede zu begrüßen. Ich spielte selbstverständlich die Hauptrolle in jedem Stück, das wir aufführten. Aber wenn dieser Mann Anfang Dezember vorbeikam und die Namen aufrief, wurde ich geflissentlich übergangen. Es war, als existierte ich nicht. Jedes Mal, wenn der Lehrer mit dem Notizbuch gegangen war, saß ich erschüttert da. Am unfaßlichsten für mich war die Besetzung der Jungfrau Maria, der Rolle, nach der ich mich mit Leib und Seele sehnte. Jahr für Jahr dasselbe Mädchen mit blonden Zöpfen und Mondgesicht, das meiner Meinung nach nicht einen Funken von Talent hatte. Ich konnte nichts »Frühgotisches« an der Jungfrau Maria entdecken, was immer ihre Bewunderer behaupten mochten. Natürlich hatte ich Prusi gefragt. Warum durfte ich nicht die Jungfrau Maria spielen? Sie zögerte mit ihrer Antwort. »Weißt du«, sagte sie endlich, »wir finden, die Jungfrau sollte nicht von einem jüdischen Mädchen gespielt werden.« »Warum denn nicht?« fragte ich. »Maria war doch Jüdin.«

»Ja, das stimmt«, erwiderte Prusi, »natürlich war sie Jüdin.« Sie sah mich etwas unglücklich an.

LILLI PALMER *aus: »Dicke Lilli — gutes Kind«*

Dicke Lilli — gutes Kind

Als ich klein war und auf den täglichen Spaziergang geführt wurde, fragten mich manchmal fremde Leute, wie das damals mehr üblich war als heutzutage, wie ich denn hieße. Ich antwortete jedes Mal: »Dicke-Lilli-gutes-Kind«. Beides wahr.

Die kleine Lilli Palmer

Dicke-Lilli-gutes-Kind sah aus wie Heinrich der Achte. Die Backen hingen mir bis auf die Schultern. Dazu war ich freundlich, was mit dem Fett im Einklang stand. Ich wollte, gleich von Anfang an, ein »gutes Kind« sein, meinen Eltern und Lehrern »Freude machen« (mit einigem Erfolg), meinem Mann die ideale Lebensgefährtin sein (Pech) und meinem Sohn die beste Freundin (Irrtum).

Das Gute-Kind-Übel hat mich mein Leben lang geplagt, in eine Zwangsjacke eingeschnürt. Es dauerte lange, bis ich begriff, daß es eine schlechte Angewohnheit war. Mit der Erkenntnis kam das Bedürfnis, das »gute Kind« loszuwerden. Das Fett war schon in der Emigration zerflossen...

LILLI PALMER *aus: »Dicke Lilli — gutes Kind«*

Elfentanz, 1928

Vera, eine Freundin und zwei Jahre älter, berichtete,
ihre Mutter hätte gesagt, daß »das« zwischen Mann und
Frau »das Schönste auf der Welt« sei. Sehr erfreulich
zu hören, aber was war »das«? Vera wußte nichts Näheres.
Manchmal hatte ich Angst, daß ich überfahren werden
könnte, bevor ich es erlebt hatte.

LILLI PALMER *aus: »Dicke Lilli — gutes Kind«*

Wie du das schaffst, ist deine Sache

Ich wollte, wie die meisten Mädchen, die Schule mit sechzehn verlassen und für zwei Jahre auf die Schauspielschule gehen. »Ausgeschlossen«, sagte mein Vater, »du machst das Abitur, und dann wollen wir weitersehen.«

»Aber Vati«, sagte ich voller Verzweiflung, »ich kann doch nicht mit dem Schauspielunterricht warten, bis ich mit dem Abitur fertig bin, dann bin ich doch viel zu alt!« Er überlegte einen Augenblick, sah mich prüfend an und sagte: »Du kannst ja beides machen, du kannst morgens früh ins Gymnasium gehen und nachmittags in die Schauspielschule. Wie du das schaffst, ist deine Sache.« Die Schule war mittags zu Ende, aber es gab eine Menge Hausaufgaben. Die mußte ich eben in der Schauspielschule oder abends erledigen. Das Ergebnis war, daß ich zwischen meinem 16. und meinem 18. Lebensjahr ein aufregendes Doppelleben führte. Morgens hatte ich Shaws »Heilige Johanna« in meiner Logarithmentafel versteckt, und nachmittags brütete ich in der Schauspielschule während der Pausen über den Ursachen für die negative Handelsbilanz der Balkanstaaten. Kein Mensch hat mich bemitleidet. Ich hatte es ja nicht anders gewollt. Nach einer Weile gewöhnte ich mich daran. Das Hinundherrasen machte Spaß und natürlich auch, daß ich ständig in Angst lebte, bei meinen heimlichen Studien erwischt zu werden.

LILLI PALMER *aus: »Dicke Lilli — gutes Kind«*

Unanständige Bilder

Die glücklichen Sonntage meiner Kindheit, wenn ich an der Hand meiner Mutter durch die Museen Berlins lief. Mit zwölf Jahren begann ich allein mit diesen Ausflügen, ins Völkerkundemuseum zu den Götterbildnissen Indiens und Afrikas, und immer wieder ins Kronprinzenpalais Unter den Linden.

Der Saal mit den Bildern der Brücke-Maler besaß magische Anziehungskraft. Gebannt stand ich vor Franz Marcs »Turm der blauen Pferde«, dem Goldhimmel Erich Heckels, dem sich die Bäume der grünen Hügel entgegenstreckten, dem knienden, nackten Mädchen von Karl Schmidt-Rottluff. […]

Mein Berlin der zwanziger Jahre, das waren diese wundervollen Ausflüge. Von den Reizen der Stadt blieb ich durch mein preußisches Elternhaus abgeschirmt. Als ich vierzehn Jahre alt wurde, brachte mich meine Mutter in ein streng protestantisches Kloster mit Adelstradition: Stift Heiligengrabe in der Prignitz.

Bald nach meinem Eintritt wurde ich zu Ihrer Hochwürden Gnaden, der Frau Äbtissin, beordert, einer gebieterischen Dame, die wir in der dritten Person anzureden hatten. Ich schob mich ängstlich in die Nähe ihres Schreibtischs und bemerkte darauf ein buntes Blatt: ein von mir gemaltes Aquarell.

»Wie kommst du dazu, etwas so Unanständiges zu malen?« fragte die Äbtissin streng und pochte mit dem Zeigefinger auf mein Bild.

»Wir hatten in der Zeichenstunde die Aufgabe, ein Bild von einem Meeresstrand mit Figuren zu malen, Frau Äbtissin.«

»Schämst du dich nicht: nackte Mädchen!«

»Aber ich habe nur aus dem Gedächtnis ein Bild aus dem Kronprinzenpalais nachgemalt, Frau Äbtissin, der Maler heißt Erich Heckel.«

»So, so«, sagte die Äbtissin, leicht irritiert. »Aber so was wollen wir in Heiligengrabe nicht haben.«

»Ich möchte doch Malerin werden, Frau Äbtissin«, sagte ich schüchtern.

»Malerin? Werden dir das deine Eltern erlauben?«

ERIKA VON HORNSTEIN
aus: »So blau ist der Himmel«

… das zitternde, neugierige Ich
mit tausend unbestimmten Sehnsüchten war das Abenteuer.

Ich studierte englische Literatur; bereitete mich darauf vor, die Prüfung zur Sprachlehrerin zu bestehen. Aber das Leben hatte mir, dem wohlerzogenen jungen Mädchen, noch keine andere Prüfung aufgegeben, als den Blick in den verwirrenden Spiegel der eigenen Seele, in den ich gebannt starrte. Das Ich, das zitternde, neugierige Ich mit tausend unbestimmten Sehnsüchten war das Abenteuer. Dort im Inneren, in der Tiefe, spielte sich für mich das Leben ab. Dort tauchte ich ein und lauschte einer lockenden, chaotischen Musik, die mir das wohlgeordnete äußere Leben nicht gewährte, und in meinem Mädchenzimmer mit den kindlichen weißen Möbeln lebte ich in einer tropischen Welt der Phantasie und schrieb – Gedichte.

LOLA LANDAU *aus: »Vor dem Vergessen«*

Typisches Bild der mondänen jungen Frau in den zwanziger Jahren
auf einer Pappschachtel der Schokoladenfabrik Hildebrand

Gespräche zwischen jungen Leuten

Stenographierte Dialoge aus der Zeitschrift *Uhu*, Dezember 1929

Hier und da, wochenlang, doch vielleicht ein wenig wahllos, haben wir unsere Mikrophone aufgestellt, bald im Kaffeehaus, im Autobus, bald auf Sportplätzen, im Bibliothekssaal der Studenten. Haben Sie sich nicht schon manchmal bei dem Wunsch ertappt: Wenn man doch mal zuhören könnte, was die zwei miteinander sprechen! – Nun, wir haben ein wenig zugehört, sind für unsere Leser indiskret gewesen, und können mit diesem kleinen Tonfilm aus dem Leben Ihren Wunsch erfüllen. Achselzuckende Überlegenheit, die sich etwa auf der Skala: Verachtung – Mitleid – Gewährenlassen bewegt, bezeichnet die Haltung der Jungen zur Vorkriegsgeneration, sobald diese Alten versuchen, als Lehrer, Erzieher, Eltern bestimmend auf die Jungen einzuwirken, ohne daß es ihnen gelungen ist, ihre volle menschliche Bejahung und Achtung zu gewinnen.

So antwortet eine 18jährige ihrem Gefährten auf die Frage, wie sie zu ihren Eltern steht.

»Gott, meine Mutter ist, wie die meisten Mütter sind. Sie hat mehr Achtung vor der äußeren Form als vor wahrhaftigem Handeln und Leben … Nein, verstehen tun wir uns nicht. Ich habe nichts mit ihr gemeinsam. Sie kann meine Anschauungen nicht verstehn, und ich habe ein wenig Verachtung: sie ist so typisch für die alte Generation, die aus Angst vor der Konvention gar keine eigenen Anschauungen aufzubringen wagt …«

Das gab es schon in den Zwanzigern: eine Schallplatte als Postkarte

Zwei 16jährige Gymnasiastinnen:

»Meine Eltern sagen immer, sie leben für uns Kinder. Ich finde das ganz falsch. Sie sollen ihr eigenes Leben leben. Wir Kinder können das ja nie zurückgeben.«

»Das haben wir auch gar nicht nötig. Wir können ja nichts dafür, daß die Eltern uns in die Welt gesetzt haben …«

Vorwürfe eines 15jährigen Pensionatsmädchens an ihre Eltern; sie schreibt:

»… Warum weist Ihr mich immer zurecht? Ich hatte Euch schon mehrmals gebeten, nicht mehr von dem sog. Anarchismus zu reden. Ihr sprecht aber in jedem Brief davon. Ich bin überzeugt, daß Ihr von den Dingen, über die wir uns sachlich unterhalten, überhaupt noch nichts gehört habt. Bringt mir sachliche Argumente, und ich werde sofort darauf eingehen. Wenn Ihr aber zu dem, was ich ernsthaft bearbeite, einfach ›Unsinn‹ sagt, können wir uns ja gar nicht aussprechen und verständigen …«

Ausgelassen in fescher Badekeidung, Anfang der zwanziger Jahre

In einer heilen Welt

»Brauchen Sie nichts, Fräulein?«

Das Stubenmädchen ist eine Schweizerin und spricht Deutsch.

»Danke, ich brauche nichts; aber können Sie vielleicht ein bißchen bei mir bleiben? Es ist so einsam.«

Sie hat gelächelt. »Eigentlich habe ich keine Zeit, aber ein paar Minuten wird es schon gehen.«

Sie setzte sich auf mein Bett und streichelte mir den Kopf. Ihre Hände waren so rauh, daß meine Haare sich in ihnen verfingen, aber ich war doch froh, daß sie mich streichelte. Sie erzählte mir, daß sie Anneli heiße und aus Zürich komme.

Ich sah sie genau an. Sie ist hübsch und blond und sieht schrecklich jung aus.

»Wie alt sind Sie, Fräulein Anneli?«

»In einer Woche werde ich achtzehn.«

»Und da arbeiten Sie schon?«

Sie lachte. »Das ist bereits meine zweite Stelle. Zuerst war ich Saaltochter in Zürich.«

»Haben Sie nicht Heimweh?«

»Doch, aber was soll man machen? Man muß doch Geld verdienen. Wir sind sieben Geschwister, und der Vater ist tot.«

Sie tat mir so leid; ich schenkte ihr die Schokolade, die der Papa mir gebracht hatte.

»Warum sind Sie nicht in Zürich geblieben, Fräulein Anneli?«

»Es gibt zu viele Saaltöchter. Ich war einen Monat krank, und nachher hab ich daheim keine Arbeit mehr gefunden.«

Keine Arbeit? Ich verstand das nicht. Wir haben im Kloster immer gehört, daß alle fleißigen Menschen weiterkommen, nur die Faulen müssen zugrunde gehen, aus eigener Schuld. Ich sagte es ihr, und sie sah mich erstaunt an.

»Ja, wissen Sie denn nicht, Fräulein, daß es auf der Welt so viel Arbeitslose gibt?«

»Arbeitslose?« Ich hatte das Wort noch nie gehört.

HERMYNIA ZUR MÜHLEN *aus: »Das Riesenrad«*

»Himmel und Hölle«, Hopsespiel auf einer Berliner Straße, um 1926

Lernen konnte nur der Bruder

Mit etwa elf Jahren begriff ich oder wurde mir bewußt, daß man zum Leben Geld benötigt. Vorher hatte ich mir darüber keine Gedanken gemacht. Mutter regelte ja alles.

Ich kam gegen Mittag nach Hause. Mutter stand am Küchentisch, machte Kartoffelsalat zum Mittag und weinte dabei. Auf mein erschrockenes Fragen erklärte sie mir, daß sie mit der Post Bescheid bekommen habe, daß die Hinterbliebenenrente um einen erheblichen Teil gekürzt würde. Sie wüßte nun nicht, wie es weitergehen sollte. War die Rente jetzt schon nicht hoch, so mußten wir uns künftig noch mehr einschränken. Hinzu kam, daß sich unsere Schwester Gertrud zu der Zeit in der Haushalts-schule in Halberstadt befand und Mutter jeden Monat 50 Mark überweise mußte.

Mutter hat es trotzdem geschafft; und wenn wir auch manchmal Hunger hatten – verhungert sind wir nicht. Nur an eine Ausbildung der übrigen Schwestern war nun nicht mehr zu denken. Hilde hat das Volljahr besucht und Gertrud die Haushaltsschule. Dora und ich mußten uns als Haushaltshilfe den Lebensunterhalt verdienen. Einzig mein Bruder Paul konnte einen Beruf erlernen.

MARIE *aus: »Stöckchen-Hiebe«*

Mitglieder des kommunistischen Rotfrontkämpferbundes demonstrieren für die Abschaffung des Abtreibungs-Paragraphen, Leipzig 1928

Frauenprotest

Ein Gesinnungsgenosse war aus dem Landesge-fängnis in Ulm ausgebrochen, wo er aus politi-schen Gründen einsaß, und hatte bei Robert Zuflucht gefunden. Er hielt sich den ganzen Tag über im Hause auf, und die Nachbarn rätselten darüber. Nur abends sah ihn meine Mutter manchmal das Haus verlassen, wohl zu einem Spaziergang an der Luft.

Kurz und gut: Eines Tages fuhr eine Anzahl gepanzer-ter Lastwagen voller Reichswehrsoldaten in Öschel-bronn vor und suchte nach dem entsprungenen Häft-ling – im richtigen Haus: bei Robert. Meine Mutter sah ihn vom Gangfenster aus zum Kammerfenster des Nachbarhauses heraussteigen und in Richtung Wald davonlaufen, aber er kam nicht weit – das Dorf war von Reichswehr umstellt. Er wurde gefaßt und zu-sammen mit meinem Freund Robert zwischen den Soldaten abtransportiert.

Ach, da gab es bittere Tränen, mein guter Robert konnte doch unmöglich etwas Böses getan haben! Wie lange er damals fort war und ob er überhaupt verurteilt wurde, weiß ich nicht mehr. Aber seine Gesinnungsfreunde, eine große Gruppe aus Stutt-gart, veranstalteten einen großen Aufmarsch in Öschelbronn. Ich habe noch gut im Gedächtnis, wie sie mit ihren roten Fahnen und die Weiber mit roten Kopftüchern durchs Dorf zogen und ihre Parolen schrien, unter anderem auch: »Nieder mit dem Paragraphen 218!«, doch das war damals für mich noch ein böhmisches Dorf. – So etwas in einem ruhi-gen, ordentlichen, fleißigen Dorf!

LORE *aus: »Stöckchen-Hiebe«*

Blond und brav
zum BDM

1933 – 1945

Zeitblende

Nationalsozialisten übernehmen 1933 die Macht in Deutschland • Entlassung von Juden aus öffentlichen Ämtern • Mädchenorganisation wird in die Jungmädel (JM, 10–13 Jahre) und Bund Deutscher Mädchen (BDM, 14–18 Jahre) gegliedert • Beschränkung des Anteils weiblicher Studenten auf 10 Prozent • 1934 Nationalsozialistischer Putschversuch in Österreich, Ermordung von Bundeskanzler Dollfuß • 1935 Verkündung der Nürnberger Gesetze; Repressionen gegen jüdische Bevölkerung nehmen zu • 1936 Berufsverbot für Juristinnen • 1938 Einmarsch Hitlers in Österreich • 9. November 1938: Pogrom gegen die Juden in der »Reichskristallnacht« • 1. September 1939: Beginn des Zweiten Weltkriegs • Die Schweiz bleibt neutral • Plan zur »Endlösung der Judenfrage« 1943 beschlossen • Luftangriffe der Alliierten auf deutsche Städte nehmen ungeahntes Ausmaß an • 22. Juli 1944: Attentat auf Hitler mißlingt • Millionen Deutsche sind auf der Flucht vor der sowjetischen Armee • 8. Mai 1945: Deutschland kapituliert • Ende des Zweiten Weltkriegs; die Zahl der Toten wird auf 60 Millionen geschätzt

Die Wände
haben Ohren

Barbara, 1939

In unserer Siedlung standen Parolen an den Wänden:
»Wählt Thälmann!« Das weiß ich noch ganz genau. Das waren
ja meine ersten Leseübungen. Die Worte, die hab' ich so nebenher
von der Mauer abgelesen. Und mein Vater mußte
mir das erklären. Ja, und dann kam ich ins »Schleudern«:
Was ist jetzt »Wählt Thälmann« und was »Heil Hitler«? Mein
Vater sollte mir das erklären. Der sagte immer: »Das könnt ihr
mir glauben: Wer Hitler wählt, wählt den Krieg, und da er
gewählt ist, wird es Krieg geben!«
Und natürlich versuchte er, mich in seine Richtung zu bringen. Und in der Schule wurde uns
genau das Gegenteil beigebracht. Das habe ich nie vergessen – daß Mutter dann sagte:
»Seid still! Nicht so laut, nicht so laut! Die Wände haben Ohren!«
Ich hab' harte Diskussionen mit meinem Vater geführt. Als Kind ist man geneigt, das zu glauben,
was die Lehrer erzählen. Da können die Eltern sonstwas sagen. Und mein Vater, der argumentierte
nun immer dagegen. Mutter hat mich dann, wenn ich mit Vater mal so richtig »zusammenge-
brummt« war, zur Seite genommen, hat gesagt: »Du weißt doch, die Männer hier erzählen sich
andere Dinge. Aber wenn das rauskommt, müssen sie weg.« Es wurde mir richtig eingebleut:
»Rede nicht mit anderen Kindern darüber.«

ANNEMARIE *aus: »Generationen ohne Gleichen«*

Der »Führer« und Mitglieder
des Bundes Deutscher Mädchen (BDM), 1934

»An die deutsche Frau

Die deutsche Frau, wie wir sie uns denken, muß, wenn es die Lage des Volkes erfordert, verzichten können auf Luxus und Genuß, sie muß geistig und körperlich gesund sein. Sie muß geistig und körperlich arbeiten können, und sie muß aus dem harten Leben, das wir heute zu leben gezwungen sind, ein schönes Leben machen können. Sie muß zum letzten innerlich um die Nöte und Gefahren, die unserem Volke drohen, wissen. – Sie muß so sein, daß sie alles, was von ihr gefordert wird, gern tut. Sie muß, ich fasse es in einem Worte zusammen, politisch denken können, nicht politisch im Sinne eines Kampfes mit anderen Nationen, sondern politisch so, daß sie mitfühlt, mitdenkt, mitopfert mit dem ganzen Volk in einer selbstsicheren, stolzen Haltung.

Aus diesen Gedanken heraus haben wir heute drei Arten des Arbeitsdienstes für unsere Mädchen. Die erste Form ist das Zusammenfassen unserer Mädel im Lager in Form eines hauswirtschaftlichen Betriebes, eines großen Haushaltes, um sie durch Bearbeitung dieses Betriebes in die Arbeit eines Haushaltes einzuführen. Die zweite Art ist dieselbe Form, verbunden mit einem landwirtschaftlichen Betrieb. Diese Lager arbeiten zumeist Hand in Hand mit der NSV (NS-Volkswohlfahrt) in der Betreuung von bedürftigen Familien, in der Hilfe bei kinderreichen Müttern, also in unserer großen Aktion der Hilfe für Mutter und Kind. Die dritte Art ist die Hilfeleistung bei Siedlern und Bauern. Auch hier geht Hand in Hand die Einrichtung von Erntekindergärten, die von den arbeitsdienstwilligen Mädchen betreut werden. Die Arbeitszeit beträgt sechs Stunden täglich. Die übrige Zeit wird mit einer gründlichen staatspolitischen Schulung, weltanschaulicher Erziehung, Sport und Gymnastik ausgefüllt. Die wichtigste und augenblicklich notwendigste Form ist die Hilfeleistung bei den Siedlern. [...] Die dienstwilligen Mädchen gehen sechs Stunden täglich zum Siedler und arbeiten mit der Frau, entlasten sie in Feld, Stall, Garten und Haushalt. Das Mädchen aus der Stadt, aus der Fabrik, das Mädchen aus der guten Familie, das bisher nur über Büchern gesessen und an sich selbst gedacht hat, wird zurückgeführt zu den Kräften der Erde.«

GERTRUD SCHOLTZ-KLINK,
NS-Frauenführerin

Barbaras Mutter mit ihren Töchtern, 1934

Nachweis über die Teilnahme an einem Mütterschulungs-Lehrgang, 1937

Würzburg, 18. Juni 1944

Liebes Evele!

Dank für Deinen Brief. Du mußt nun aber wirklich zufrieden sein, daß es so ist, wie es eben ist. Man muß nichts erzwingen wollen, und wir waren doch immer dafür, daß sich kein deutsches Mädel vom Arbeitsdienst irgendwie befreien soll. Also schön eingewöhnt und tapfer zugefaßt, wo es auch sei. Frl. Laus hat so schöne beseelte Augen. Höre nicht hin, was andere sagen. Daß Du mit Ursel Sch. Dich gut verstehst, ist mir eine große Beruhigung. Die paar Monate gehen bald vorbei und es wird Dir vielleicht über Deinen künftigen Beruf in der Fremde eher Klarheit kommen. Sei vergnügt und putz halt die dreckigen Räder, denke dabei, es wäre meines!

Aus: »Frauen im Nationalsozialismus«

Das Ziel der weiblichen Jugend hat unverrückbar die kommende
Mutter zu sein. [...] Für die kommende Mutter des Volkes muß
eine Körperschulung des Mädchens Voraussetzung sein. Der allzu großen
Anhäufung von Wissensstoffen muß zu Gunsten des Wachstums des Mädchens
Einhalt geboten werden. Dies geschieht durch biologische Aufklärung,
Gymnastik, Sport und Wanderungen – alles in enger Verbindung:
Schule mit dem BDM.

ADOLF HITLER

*1938 wurde das Werk »Glaube und
Schönheit« innerhalb des BDM
gegründet, dessen Ziel »die körperlich
vollendet durchgebildete jugendliche
Trägerin des nationalsozialistischen
Glaubens« war*

Im Kinderlandverschickungslager

In der Kinderlandverschickung

Dann standen wir alle vor dem Fahnenmast und
nachdem wir durchgezählt hatten, meldete
Erika unserem Klassenlehrer: »Zweiunddreißig Mädel
zum Fahnenappell angetreten!« Er dankte ihr und las
aus »Volk ohne Raum« von Hans Grimm: »In erster
Linie die größte Selbstachtung. Nichts Gemeines tun,
Leib und Seele reinhalten. Sich stets beherrschen;
selbstlos, heiter und mutig sein. Sich sagen, daß eine
grade, aufrechte Haltung auch die Äußerung einer
geraden, aufrechten Seele ist. Sich an einfachen

Dingen erfreuen; nicht Unmögliches verlangen, an
ein erreichbares Ziel aber Geduld, Ausdauer, gesam-
melten Willen wenden.« Dann gab er das Kommando
»Hißt Flagge!« Langsam zog die Fahne am Mast em-
por. Wir hatten sie mit ausgestrecktem Arm zu grüßen. Wer in der zweiten Reihe stand, hatte Glück.
Man konnte dann den Arm auf die Schulter des Vor-
dermannes legen.
Nachdem es hieß »Weggetreten«, drängelten wir in
den großen Eßsaal. Auf vier langen Tischen lagen die

frischen Doppelbrötchen direkt auf der weißen
Wachstuchdecke. Daneben standen Tassen aus dickem
weißem Porzellan, in die Muckefuck gegossen wurde.
Wir reichten uns die Hände und schrien im Chor:
»Jeder esse, was er kann!« Erhoben sich unsere beiden
Führerinnen, wurde das Ende des Frühstücks ange-
zeigt. Wieder mußten wir uns hinter unsre Stühle
stellen, dazu schrien wir im Chor: »Gut satt!«. Im
großen, hellen Nachbarsaal waren sechs Tische zu
einem Hufeisen zusammengestellt. An dessen
offenem Ende stand eine Schultafel, daneben das
Paukerpult. Seitdem unser Oberstudienrat mit uns im
Lager war, trug er eine dunkelblaue Uniform, darunter ein nazibraunes Hemd und einen braunen Schlips.
In der überheizten Luft des Saales döste ich vor
mich hin. Ich dachte daran, in welchen frenetischen
Jubel unsere Klasse ausgebrochen war, als wir im
November 1940 im Rahmen der Kinderlandverschickung ins Lager Glogau in Niederschlesien fuhren. »Endlich mal was anderes als immer diese blöde
Penne. Es wird ganz pfundig werden«, hatten wir
gejubelt. Nur sechs Mädel konnten oder wollten nicht
mitkommen. Sie wurden als Außenseiter bedauert.
Für die Mehrheit wäre es undenkbar gewesen, sich
aus der Klassengemeinschaft auszuschließen.

SIGRID *aus: »Muckefuck und Kameradschaft«*

Plakat, 1933

Es gibt doch nichts Schöneres,
als sich ein junges Ding zu erziehen:
Ein Mädchen mit achtzehn, zwanzig Jahren
ist biegsam wie Wachs. Einem Mann muß
es möglich sein, jedem Mädchen
seinen Stempel aufzudrücken.
Die Frau will auch nichts anderes!

ADOLF HITLER

53

Lohnender Einsatz

Wir BDM-Mädel müssen nicht unsere Haare abschneiden lassen. – An meinen langen Zöpfen liegt mir allerdings nichts, viel lieber wäre mir ein Bubikopf, aber meine Mutter ist dagegen. – Wir sollen zum Hopfeneinsatz. Der Hopfen muß gepflückt werden, denn auch im Krieg ist Bier wichtig. Zumindest Dünnbier steht den deutschen Volksgenossen zu. Am Bahnhof von Erlangen versammelt sich die Hitler-Jugend: Hitlerjungen und BDM-Mädel (die Vierzehn-bis Achtzehnjährigen). Laut Befehl sollen wir alle in Uniform die Bahnfahrt von Erlangen nach Spalt antreten. Der Anblick von einigen Hundert Jugendlichen in Uniform beeindruckt mich. Ich sehe, wie mächtig Deutschland doch noch ist. Nicht nur die große Schar ist zu sehen, auch der geeinte Wille ist zu spüren. Packen wir es an!

Die gute Laune bei diesem Unternehmen rührt natürlich auch daher, daß Jungen und Mädchen endlich einmal etwas zusammen tun dürfen. Sonst sehen wir die Jungen eigentlich nur aus der Ferne, gelegentlich, zufällig. Die Zufälle arrangieren wir aber geschickt. Zufällig sitzen wir bei den täglichen Fahrten zur Schule im selben Zugabteil. Da läßt es sich auch nicht vermeiden, daß wir uns in den überfüllten Zügen mitunter berühren. Wenn wir in der Menge aneinandergedrückt werden, hauche ich ein »Entschuldigung« und lächle. Ich bin siebzehn Jahre alt.

ELSBETH *aus: »Wir wollten leben«*

Küchendienst im BDM-Lager

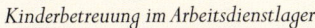
Kinderbetreuung im Arbeitsdienstlager

Barbara beim »Nichtstun«

Die tut nichts

Wenn meine Mutter aus dem Garten kam, aus unserem
Riesengarten, wir hatten ja auch noch Tiere, und ging dann an dem
Fenster von der Nähstube vorbei, wo meine Schwester dann mit
irgendwelchen Kleidern beschäftigt war und ich saß dabei und hatte
mich mit ihr unterhalten, dann stand ich automatisch auf, da meine
Mutter strafend durchs Fenster blickte – »die tut nichts«.
Auch abends so dasitzen – »Also hast du nichts zu tun…, hast du
nichts in die Hand zu nehmen, stopfen, stricken?« – Irgendwas hatte
man zu tun… Sonntags wurde genäht oder gewaschen, Freizeit, das
war überflüssig, man hatte zu arbeiten.

Aus: »Sei wie das Veilchen im Moose«

Im BDM-Lager

Wir jedenfalls gehörten zur richtigen Rasse

Am 9. November 1938 haben auch auf Usedom die Synagogen gebrannt.

Daran erinnere ich mich sehr genau. Wir kamen in die Schule, und da hieß es, die Synagoge in Swinemünde brennt, und wir sind alle zur Synagoge gelaufen und haben aufgeregt dem großen Feuer zugeschaut. Plötzlich rief ein Mädchen: »Der Rabbiner flüchtet durch die Stadt!« Wir alle zum jüdischen Friedhof, wo die SA- und die SS-Leute die Grabsteine umgestürzt und die Gräber verwüstet hatten. Zu Hause habe ich meiner Mutter davon erzählt, und ich erinnere mich, ich habe davon so gesprochen, als käme ich gerade vom Jahrmarkt – ohne jedes Gefühl für das Grauen, das sich vor meinen Augen abgespielt hatte, ohne Mitleid. Nichts davon.

In der Schule hatten wir im Biologieunterricht bei Fräulein Büttner gelernt, daß es verschiedene Rassen gebe und die germanische Rasse die mit Abstand bedeutendste sei. Die Juden, das seien Untermenschen. Und dann gab es noch die dinarische Rasse, glaube ich, und einige andere. Wir jedenfalls gehörten zu der richtigen.

Das schlimmste Erlebnis während des Krieges war für mich, als ich auf einer Dienststelle der Hitlerjugend war und hörte, wie Zwangsarbeiter gefoltert wurden. Das war 1944. Unsere Bannführerin, die für den

BDM im ganzen Kreis verantwortlich war, hörte auch, wie die Menschen schrien. Und da hat sie… – ich weiß nicht, ob ich es getan habe, sie jedenfalls hat es getan – immer mit den Füßen aufgestampft und »Aufhören! Aufhören!« gerufen.

Als ich vor einigen Monaten zum ersten Mal seit Jahren wieder von ihr hörte, habe ich zu ihr gesagt: »Ich werde dir das nie vergessen, daß du gerufen hast: Aufhören!« Da sagte sie: »Du, ich bin runtergegangen und habe gesagt, aufhören! Und die haben aufgehört!« Daß Menschen geschlagen werden, bis sie vor Schmerzen schreien, das hat mich Tage und Nächte verfolgt. Ich habe mit vielen anderen Menschen darüber gesprochen und wollte wissen, was sie dazu meinten. Ich habe mit meiner Mutter darüber gesprochen und mit Schulfreundinnen – alle haben nur mit den Schultern gezuckt und gesagt: »Tja, es ist eben Krieg.« Manche haben gesagt, daß man mit Feinden auch feindlich umgehen müsse. Und andere haben gesagt: »Du weißt ja gar nicht, was die getan haben, was die vielleicht Deutschen angetan haben, was die angerichtet haben.« Aber dieses Erlebnis habe ich nie vergessen können, und es ist für mich ein entscheidender Grund gewesen, Amnesty International mit zu gründen.

CAROLA STERN *aus: »Uns wirft nichts mehr um«*

56

Mein Freund Klaus

Wir schwammen fast jeden Tag über den See. Das war weit und dauerte fast fünfundvierzig Minuten. Zurück liefen wir meistens durch den Park. Wenn wir Glück hatten, nahm uns auch schon mal der Fischer mit seinem Kahn mit. Dann bekam ich einen Kranz aus Seerosen, denn schwimmend konnten wir sie nicht erreichen, da es zu gefährlich war, sich in ihnen zu verfangen. Es gab nichts, was unsere Harmonie störte. Wir waren mit allem in Einklang.

Doch dann geschah etwas Unfaßbares. Klaus wurde an einem wunderschönen, sonnigen Tag mit großem Gebrüll aus der Badeanstalt geworfen.

»Du Judenlümmel hast hier nichts zu suchen!«

Ich verstand überhaupt nichts. Was war hier los?

Wieso »Judenlümmel«?

Ich schrie zurück: »Er hat euch doch nichts getan!«

Klaus nahm seine Sachen und ging, ohne ein Wort zu erwidern. Dann beschimpfte man mich, daß ich als deutsches Mädchen mich mit so einem abgebe. Ich lief zu Klaus, setzte mich zu ihm ins Gras und wußte nicht, was ich machen sollte. Am liebsten hätte ich ihn in den Arm genommen. Aber die Scheu vor solcher Zärtlichkeit war zu groß. Schließlich gingen wir nach Hause – Hand in Hand, zum ersten Mal.

Am nächsten Tag war Klaus abgereist.

URSULA *aus: »Pimpfe, Mädels & andere Kinder«*

Dieses Foto machte mein Volksschullehrer Dr. Erwin Müller.
Ich war damals neun Jahre alt und stand mit meiner Klasse
zusammen Spalier, denn Hermann Göring, ein Minister
Hitlers, sollte nach Marktredwitz kommen.
Wir hielten Papierfähnchen in der Hand und warteten – es
war ein heißer Tag – länger als eine Stunde.
ELISABETH DIETZ

Mädchen der jüdischen Mittelschule in Berlin-Mitte, um 1935.
Als diese Schule 1942 endgültig geschlossen wurde, gab es noch 161 Mädchen und Jungen dort.
Das Gebäude funktionierten die deutschen Behörden zum Sammellager für Berliner Juden um, die von dort nach
Auschwitz transportiert wurden

Schulwechsel

Als die Schulbehörde verfügte, daß jüdische Schulkinder nicht mehr an Ausflügen teilnehmen, nicht mehr Landschulheime besuchen durften und auch dem Schwimmunterricht fernzubleiben hatten, beschloß mein Vater, mich auf eine jüdische Schule zu schicken, um mich dieser Art von Diskriminierung nicht auszusetzen. Er hielt die jüdische Mittelschule in der Großen Hamburger Straße für geeignet, weil sie noch eine der wenigen staatlich anerkannten jüdischen Schulen war. Ihr Besuch beziehungsweise Abschluß hätte mir die Möglichkeit geboten, »nach dem Nazireich« wieder auf eine staatliche Höhere Schule zurückzukehren.

Als nun Partei und Staat im Dritten Reich immer rigoroser begannen, die Juden in Deutschland zu isolieren, sie aus dem öffentlichen Leben auszuschalten und vom Umgang mit anderen Deutschen fernzuhalten, setzte ein Ansturm auf die wenigen jüdischen Schulen ein. Zwar wurden einige neue jüdische Schulen errichtet, aber ihre Zahl blieb dennoch weit hinter dem Bedarf dieser ersten Jahre zurück. Die staatlich anerkannte Mittelschule hatte natürlich den stärksten Zulauf. Während sie 1932 von 470 Schülern besucht wurde, waren es 1934 bereits 1025 Schüler.

Wenn ich an meinen ersten Schultag in dieser Schule zurückdenke, empfinde ich noch heute die Verwirrung, in die mich die große Zahl meiner Mitschülerinnen stürzte.

INGE DEUTSCHKRON *aus: »Ich trug den gelben Stern«*

Wie weggeweht

Da es jüdischen Kindern verboten war, mit anderen Kindern denselben Sportplatz oder die Umkleidekabinen zu benutzen, erwarben alle jüdischen Schulen in Berlin gemeinsam einen Sportplatz im Grunewald. Dort wurden Sportfeste abgehalten, bei denen jede Schule um den Sieg kämpfte. Das waren Ereignisse, die uns völlig in Anspruch nahmen und denen wir entgegenfieberten. Vielleicht ist die Erinnerung an diese Stunden auf dem Sportplatz Grunewald die einzige wirklich angenehme Erinnerung an meine Schulzeit. Alles Bedrückende, das auf uns auch in der Schule lastete, war dort wie weggeweht.

INGE DEUTSCHKRON
aus: »Ich trug den gelben Stern«

Meisterschaften der jüdischen Sportbewegung »Makkabi«, 1937

Versuchen, möglichst unauffällig zu sein

Sicherlich waren wir keine Musterkinder, aber gewiß auch nicht so unbefangen und kindlich, wie Kinder unseres Alters im allgemeinen zu sein pflegten. Unser Übermut war, wenn auch völlig unbewußt, doch gehemmt. Wenn ich mit meinen Kameradinnen mit der S-Bahn mittags nach Hause fuhr, dann achteten wir sorgsam und nicht ohne Ängstlichkeit darauf, kein Aufsehen, geschweige denn Anstoß zu erregen. Wenn eine von uns zu laut auflachte, dann wurde sie von den anderen zurechtgewiesen. Auch wenn wir nicht darüber sprachen, wir ahnten doch, daß wir von Mitreisenden als jüdische Kinder erkannt und angepöbelt werden könnten. Mir ist jedoch nie etwas Derartiges zugestoßen.

INGE DEUTSCHKRON *aus: »Ich trug den gelben Stern«*

Die jüdischen Kinder lernten in den dreißiger Jahren in ihren Schulen vor allem Sprachen und praktische Dinge, um auf ein Leben in der Emigration und in Palästina vorbereitet zu sein

Wir waren Zionisten

W ir würden Pioniere sein, nach Palästina reisen, die Sümpfe trockenlegen und ein jüdisches Land aufbauen, in dem Freiheit und Gerechtigkeit für alle herrschte.

In meiner Gruppe waren wir sechs oder sieben Mädchen, voller Bewunderung für unsere Leiterin Joy, die neun oder zehn Jahre älter war als wir. Wir hatten strenge Regeln: Stühle waren nicht erlaubt. Wir saßen, wie es sich gehörte, auf dem Boden, oder auf Kissen, die wir zu diesem Zweck genäht hatten. Kniestrümpfe mußten abgerollt werden, bis sie dicke »Würste« um unsere Knöchel bildeten (heute, siebzig Jahre danach, kann ich mir nicht erklären, warum). Auf keinen Fall Make-up! […] Wir lasen und diskutierten Theodor Herzl, Martin Buber, Stefan Zweig und andere. Wir wanderten und sangen, und wenn wir Brotzeit machten, kam es auf keinen Fall in Frage, daß jede sich ihr eigenes Lunchpaket vornahm. Nein, die braunen Essenstüten wurden in der Mitte des Kreises zusammengelegt, und dann griffen wir alle gemeinsam zu. Das Wichtigste war, daß man mitein-

ander teilte und niemals auf seinem Eigentum bestand. Anfangs konnten wir frei zusammenkommen, wann und wo wir wollten. Später wurden uns große Beschränkungen auferlegt. Wir durften uns zwar noch treffen, doch nur unter Aufsicht der Gestapo und auch nur einmal im Monat – sogar Kindern war es nun verboten, sich in Gruppen von mehr als zwei oder drei Leuten zu versammeln. Natürlich trafen wir uns trotzdem weiter jeden Tag. Wir brauchten einander. Nur mußten wir aufpassen, daß man uns nicht auf der Straße sah. […] Angesichts der zunehmenden Verfolgung, der vielen Plakate, auf denen »Juden raus!« oder »Wir sind ein deutsches Geschäft! Juden unerwünscht!« stand, und der Gerüchte um Verhaftungen und Deportationen, gaben unsere Gruppen uns den Beistand, den wir brauchten, um seelisch zu überleben.

An die Schilder »Keine Juden und Hunde« erinnere ich mich allzu gut. Wir – meine Freundinnen und ich – gingen gerne einkaufen. Jeden Tag nach der Schule standen wir vor den Schaufenstern der Geschäfte. Wir diskutierten: Was meint ihr? Können wir da hineingehen? Werden sie uns davonjagen? Werden sie schreien? Werden sie gar die Polizei rufen? Wird man unsere Eltern verhaften? Aber sie haben herrlich knuspriges Brot! Vielleicht werden sie auch bloß unfreundlich sein?

MARA VISHNIAC KOHN *aus: »Roman Vishniacs Berlin«*

Klasse der jüdischen Mittelschule in der Berliner Großen Hamburger Straße, um 1936

Cordelia Edvardson,
vor 1943

Schutzhäftling A 3709

Nach der Ankunft in Auschwitz, nachdem sie mit der Nummer täto-
wiert worden waren, die künftig ihren Namen ersetzte, »Schutzhäftling
A 3709 meldet sich zur Stelle«, wurde ihnen all ihre Habe wegge-
nommen. Aus irgendeinem Grunde kam der Transport des Mädchens
»unsortiert« ins Lager. Die Selektion wurde später vorgenommen.
Das Handgepäck, Handtaschen und anderes, wurde im Zimmer der
Blockführerin abgegeben, nur die Kleidung auf dem Leib durfte man
behalten. Am Morgen, als die Häftlinge zu ihrem ersten Appell hinaus-
getrieben wurden, waren alle Kennzeichen ihrer früheren Existenz
verschwunden, doch auf dem reingefegten Fußboden der Baracke entdeckte das Mädchen ein Stück Papier. Mechanisch bückte sie sich, nahm
es auf und drehte es um. Es war das Bild ihrer Mutter, die Photographie
der Mutter, die das Mädchen bis hierher begleitet hatte. Ihre schöne
Mutter, die sie mit einem Blick voll hilfloser Liebe und Schmerz ansah.
Da weinte das Mädchen, wie sie noch nie geweint hatte und nie
wieder weinen sollte; nicht so.

CORDELIA EDVARDSON *aus: »Gebranntes Kind sucht das Feuer«*

Die Siegels gehören zu den Glücklichen, die im fernen London Freunde haben – gebürtige Münchner, die schon früh die Zeichen der Zeit erkannt hatten und 1933 emigriert waren. Durch deren Vermittlung gelingt es, jemanden aufzutreiben, der bereit ist, ein völlig unbekanntes deutsches Mädchen aufzunehmen. Beate bekommt einen Platz auf dem Kindertransport vom 26. Juni 1939. Die Siegels versuchen, ihre Tochter auf die bevorstehende Trennung so behutsam wie möglich vorzubereiten, doch die reagiert nicht allzu traurig: »Für mich war das Ganze einfach sehr aufregend! Außerdem war ich schon sieben Monate lang nicht mehr zur Schule gegangen, was mir überhaupt nicht paßte. Ich wurde von Kopf bis Fuß neu eingekleidet und fand mich sehr schick. Außer dem, was ich am Leibe trug, durfte ich nicht viel mitnehmen. Als man mir am Bahnhof dann noch ein kleines Mädchen aus dem jüdischen Waisenhaus anvertraute, um das ich mich auf der Fahrt kümmern sollte, fühlte ich mich sehr erwachsen.«

Aus: »Der olle Hitler soll sterben!«

Rettende Transporte nach England

Wenig später erhält Beate Schulverbot. »Als Jüdin ausgewiesen« steht in sauberer Handschrift auf ihrem letzten Zeugnis des Münchner Sankt-Anna-Lyzeums. Dem Vater wurde inzwischen die Kammerzulassung als Rechtsanwalt entzogen. Als er einige Wochen nach der Verhaftungswelle wieder nach München zurückkehrt, muß er sich als juristischer Berater der jüdischen Gemeinde über Wasser halten; dort hört er von den Kindertransporten. Getrieben von dem Wunsch, seine Tochter in Sicherheit zu wissen, meldet er Beate an.

Freitag, 24. Dezember 1943

»Himmelhoch jauchzend« bin ich, wenn ich daran denke, wie gut wir es hier noch haben im Vergleich zu all den anderen jüdischen Kindern. Und »zu Tode betrübt« überfällt mich zum Beispiel, wenn Frau Kleimann hier gewesen ist und von Jopies Hockeyclub, von Kanufahrten, Theateraufführungen und Teetrinken mit Freunden erzählt hat. […] ich bekomme dann so heftige Sehnsucht, auch mal wieder Spaß zu machen und zu lachen, bis ich Bauchweh habe.

Aus: »Anne Frank Tagebuch«

Zu diesem Zeitpunkt hielten sich Anne Frank und ihre Familie schon eineinhalb Jahre in einem Amsterdamer Lagerhaus versteckt, um der Deportation zu entgehen.

Sophie Scholl

Widerstand

*Nachdem Sophie Scholl von ihren Eltern nach München
zurückgekehrt war, schrieb sie am 16. Februar 1943 folgenden
Brief an ihren Freund Fritz Hartnagel:*

»Mein lieber Fritz!

Noch einen kurzen Gruß, bevor ich wieder in meine Vorlesungen laufe. Ich hatte es Dir ja, glaube ich,
schon geschrieben, daß ich zehn Tage daheim war, um dort zu helfen. Diese Tage, obwohl ich nicht viel
zu meiner eigenen Beschäftigung komme, tun mir immer wohl, und wenn es nur deshalb wäre, weil
mein Vater sich so freut, wenn ich komme, und sich wundert, wenn ich wieder gehe, und weil Mutter
um so tausend Kleinigkeiten besorgt ist. Diese Liebe, die so umsonst ist, ist für mich etwas Wunderbares. Ich empfinde sie als etwas vom Schönsten, was mir beschieden ist.

Die 150 km, die zwischen Ulm und München liegen, verändern mich so rasch, daß ich selbst erstaunt
bin. Ich werde von einem ausgelassenen Kind zu einem auf sich gestellten Menschen. Doch dieses
Alleinsein tut mir gut, wenn ich mich auch manchmal nicht so wohl darin befind, weil ich doch von
Menschen recht verwöhnt bin. Aber geborgen fühle ich mich erst dort, wo ich
merke, daß eine selbstlose Liebe da ist. Und die ist doch verhältnismäßig selten.
Wie geht es Dir? Schon vierzehn Tage sind vergangen seit Deinem letzten Brief aus
Stalino, und ich bin ein bißchen unsicher, wenn ich mich an Dich wende, weil ich
nicht weiß, wie es um Dich steht, und welche Gefühle ich dir entgegenbringen
darf. Doch sei versichert, daß es immer die der Liebe und Dankbarkeit sind.
Deine Sophie«

Aus: »Hans und Sophie Scholl. Briefe und Aufzeichnungen«

*Am gleichen Tag legten Sophie und ihr Bruder antifaschistische Flugblätter vor den Hörsälen aus.
Tags darauf wurden die Geschwister sowie der Freund Christoph Probst in der Universität München
verhaftet und am 22. Februar hingerichtet.*

Parteiabzeichen auf rosa Gewändern

Fräulein Weise war nicht so; sie war böse und hätte zur Warnung ihrer Schüler auch so heißen sollen. Sie trug Rosa, Rosa zu allen Jahreszeiten, und aus diesem Rosa quoll ein weißer, fettiger Fischkopf wie das weiße Fleisch aus dem gekochten Hummer. Ihre wäßrigen flachen Augen waren schnell und stechend, und ihr dummer Spott ließ jedes beginnende Interesse an

Der angehimmelte »Führer«

ihrem Geschwafel ersterben. Sie trug auf all diesen rosa Gewändern ein Parteiabzeichen. Sie war unsere Klassenlehrerin und haßte uns alle ausgiebigst. Man sprach viel vom Krieg und vom Vaterlandverteidigen, und als ich einmal fragte, gegen wen wir uns denn verteidigen sollten, da wir doch gar nicht angegriffen wurden, durfte ich zu meiner Freude und meiner Mutter Verzweiflung drei Tage nicht in die Schule gehen, der Blockwart sprach eindringliche Worte mit meinem Stiefvater, und ich mußte mich entschuldigen. Jeden Morgen betrat sie, ohne uns eines Blickes zu würdigen, die Klasse. Die Bänke waren zu klein für uns, und wir zerrten unsere Gebeine hervor, um strammzustehen und »Heil Hitler« zu brüllen, mußten stehen bleiben, bis sie ein kreischendes »Setzen« zurückschrie. Erst dann sah sie sich um und uns an, als sei sie überrascht, überrascht etwas Atmendes, Lebendiges zwischen den Bänken zu sehen.

HILDEGARD KNEF *aus: »Der geschenkte Gaul«*

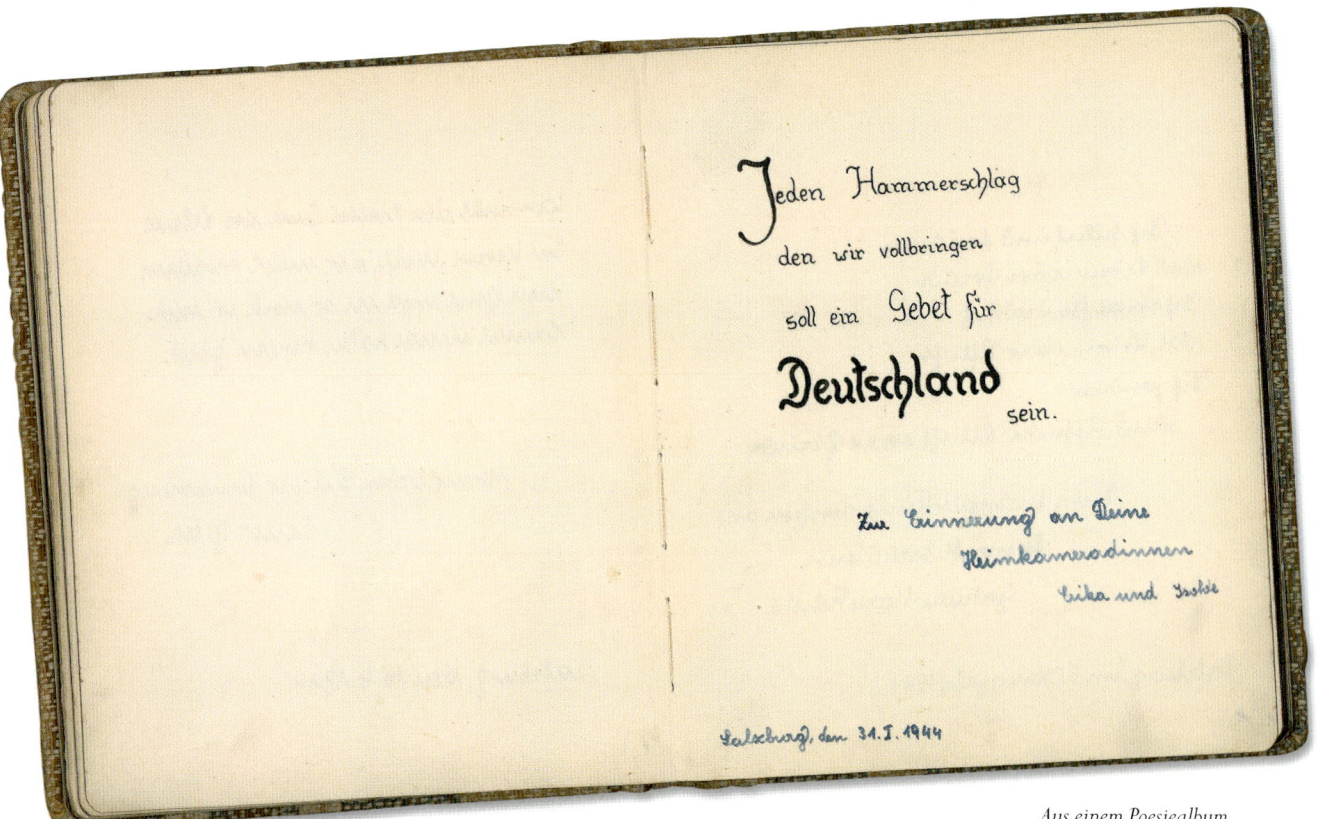

Jeden Hammerschlag
den wir vollbringen
soll ein Gebet für
Deutschland
sein.

Zur Erinnerung an Deine
Heimkameradinnen
Erika und Isolde

Salzburg, den 31.I.1944

Aus einem Poesiealbum

64

Briefe, die ausblieben

Es war die Zeit, in der der Briefträger wie der erste Satz einer handlesenden Zigeunerin erwartet wurde – es kamen die ersten grünen Briefe, auf denen in schwarzer Druckschrift »Prisoner of War« stand, und auf der Rückseite »do not write here«, »hier nicht schreiben«, »non scrivete qui« und etwas auf Japanisch – die hatten einen Teil des Krieges hinter sich und pflückten Baumwolle. Aber der Brief, der monatelang nicht kam, bedeutete Verwundung, russische Gefangenschaft oder Tod, und vergessene Tanzstundenfreunde wurden unvergessen, weil sie nach zwei zaghaften Briefen nicht mehr schrieben, weil Frontsoldaten treu sind und schreiben, auch wenn sie nichts zu sagen haben und ihre Finger kalt sind und kein Licht im Unterstand. Es waren Briefe von noch Lebenden an noch Lebende, oder, wenn sie endlich ankamen, Briefe von Toten an noch Lebende oder umgekehrt; aber mit ihren frisch angekommenen Briefen waren sie noch da und nicht erfroren, verblutet, explodiert, verstümmelt, verdurstet, verbrannt, ertrunken oder abgestürzt …

HILDEGARD KNEF *aus: »Der geschenkte Gaul«*

»Drehn Sie sich mal ins Profil«, sagte die rothaarige Eskimofrau, die Else Bongers hieß, im »Berlin-Film«-Büro Unter den Linden. »Können Sie etwas vorsprechen?« »Nein«, flüsterte ich. »Wieso wollen Sie Schauspielerin werden?« »Weil ich begabt bin.« »Woher wissen Sie das?« »Ich weiß es.«

HILDEGARD KNEF *aus: »Der geschenkte Gaul«*

Hildegard Knef am Brandenburger Tor in Berlin, um 1950

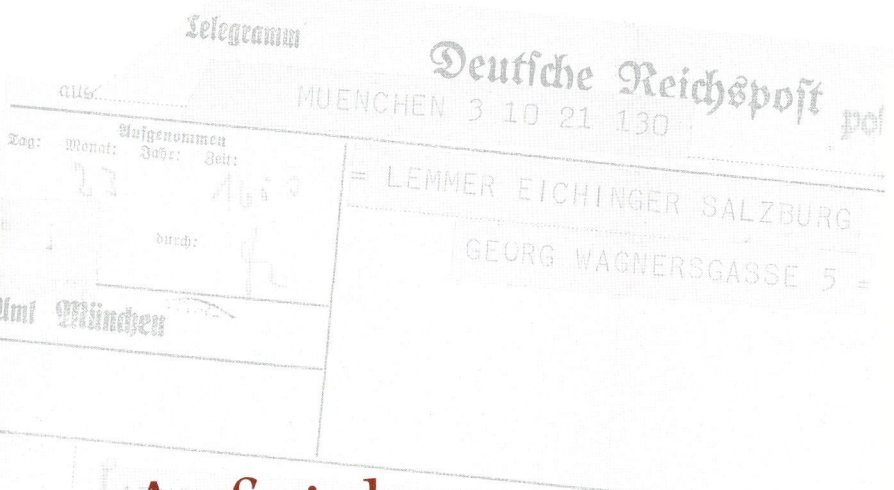

Auf sich allein gestellt

Elisabeth, um 1942

Man schreibt das Jahr 1942, und ich bin fast zehn Jahre alt. Wie an jedem Tag, nachdem ich mit Widerwillen meinen Haferbrei gegessen habe, packe ich einen Apfel und ein Butterbrot in den Schulranzen und gehe ich in die Schule.

An diesem Tag aber soll sich mein Leben verändern. Von der Schule zurück, nimmt mich meine Großmutter in den Arm – sie wohnt bei uns im Haus – und sagt, daß Mama ins Krankenhaus muß. Was ist passiert? Sie war doch nie krank. Es ist Scharlach, und es gibt kein Penizillin. Mein ältester Bruder und ich dürfen noch am gleichen Abend ins Krankenhaus, Mutter sagt, bitte bleibt immer ehrlich, sie stirbt noch in der Nacht. Mein Vater ist zwanzig Jahre älter als meine Mutter, und er ist verzweifelt. Vier Kinder. Und die ersten Bomben sind gerade gefallen. Gottlob ist da eine wunderbare Großmutter.

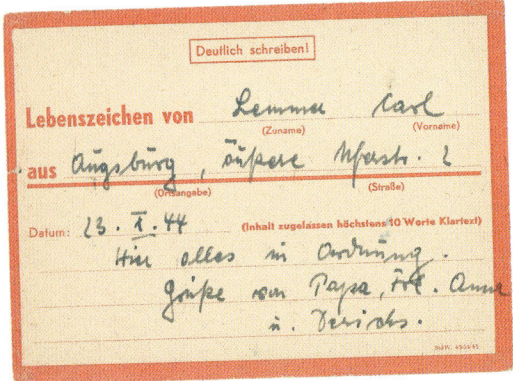

Solche Eilnachrichten wurden während des Krieges verschickt

Mit zehn Jahren geht es zu den Jungmädeln. Es ist schön, singend durch die Stadt zu marschieren, diejenigen, die keine Uniform haben, müssen am Schluß marschieren und da ich die Größte bin, gefällt mir das gar nicht. Vater ist kein Parteimitglied und weigert sich, mir eine Uniform zu kaufen. Das allein ist schon gefährlich, aber davon weiß ich nichts. Auf Drängen der Führerin bekomme ich endlich eine Uniform, das bedeutete erste Reihe, und die Welt ist in Ordnung. In den Nächten tobt der Fliegeralarm. Wir rennen aus dem Bett in den Keller. Die nassen Tücher haben wir bereitgelegt wegen der Brandbomben. Wo ist jetzt noch Platz für Kindheit? Die Kinder müssen von der Stadt aufs Land oder wie ich ins Internat nach Salzburg. Es gibt ein Wort, das alle kennen: Kinderlandverschickungslager. In Salzburg, heißt es, wäre man sicher, da alle Bunker in die Berge geschlagen wurden.

Zweimal im Jahr bekomme ich Besuch von Vater. Er hat nur einen Koffer voll Äpfel dabei. Wir haben Hunger und nichts anzuziehen. Er bringt mir von Mutter ein Umstandskleid mit, was soll man damit anfangen – in meinem Alter?

Im Internat sind 100 Mädchen, und ich bin die Jüngste. Ich habe Heimweh, bekomme keine Post, nur ab und zu eine Eilnachricht rot umrandet »Hier alles in Ordnung. Papa.« 1944 wird das Internat geschlossen und in ein Lazarett umgewandelt. Auch in Salzburg fallen jetzt Bomben. Eine Familie nimmt mich auf, aber sie ist nicht besonders erfreut über den Zuwachs.

Im April 1945 ist der Krieg fast zu Ende. Am 20. April werden wir nochmals auf den Führer vereidigt. Kurz danach ist der Einmarsch der Amerikaner. Ich habe keine Nachricht von zu Hause, ich weiß nicht, wer noch lebt. Jetzt bin ich fast dreizehn Jahre alt und ganz auf mich selbst gestellt. Ich schaffe es, daß mich ein Lastwagen Ende Mai 1945 nach Augsburg mitnimmt. Die Stadt ist völlig zerstört, nur mit Mühe finde ich durch das Gewirr der zerstörten Straßen mein beschädigtes Elternhaus. Zum Glück sind meine Brüder, mein Vater und meine Großmutter alle gesund, und wir sind endlich beisammen.

Ich gehe jetzt auf die Handelsschule. Mein Vater ist Dentist mit einer eigenen Praxis. Ich möchte auch seinen Beruf erlernen und soll einmal seine Praxis übernehmen. Drei Jahre Berufsausbildung stehen mir bevor. Einen Tag vor dem Examen stirbt mein Vater. Ich absolviere zwei Jahre Assistenzzeit, aber danach wird mein Antrag auf ein Studium der Zahnheilkunde in München abgelehnt. Ich sei zu jung und außerdem würden Kriegsteilnehmer bevorzugt. Es gibt eine eingerichtete Praxis, aber ich kann sie nicht übernehmen. Ich bin Vollwaise, aber das interessiert niemanden. Ein Mädchen muß nicht Dentistin werden. Ich beschwere ich mich beim Gesundheitsministerium, aber ohne Erfolg. Nun arbeite ich als Dentistenassistentin weiter, verdiene 120 DM. Später heirate ich und habe eine Familie. Die Praxis übernimmt mein jüngerer Bruder.

ELISABETH KNOLL

Gerda-Elisabeth (Mitte) mit ihren Freundinnen, um 1934

Schule ohne Zwang

Im »Dritten Reich« hatte ich zunächst das Glück, daß meine Eltern mich zusammen mit meinen Geschwistern seit 1928 in die Rudolf-Steiner-Schule in Berlin geschickt hatten. Während dieser Jahre wurde ich, wohl wegen zu schnellen Wachstums, von unserer Hausärztin häufig krank geschrieben, verbrachte sogar als Zehnjährige drei Monate bei meinem Großvater in Bremen, kam aber immer wieder in dieselbe Schulklasse zu den geliebten Freundinnen und Freunden zurück, da man in einer Waldorf-Schule nicht sitzen bleibt. Meine fleißigen Mitschüler halfen mir im Unterricht und bei den Hausaufgaben, damit wir Zeit fanden für unsere kindlichen Abenteuer, z. B. Texte aus »Ivanhoe« von W. Scott zu improvisieren oder Winnetous Sterbeszene auswendig zu lernen. Leidenschaftlich gern besuchten wir die fabelhaften Theateraufführungen der damaligen Berliner Bühnen. Meine spätere Vorliebe für England verdanke ich wohl unserer Klassenlehrerin, die lange Zeit Erzieherin in einer englischen Familie in Cornwall gewesen war. In der riesigen Klasse (bis zu 51 Kinder) wurde viel rezitiert. Neben englischen und französischen Gedichten kann ich heute noch Schillers »Kraniche des Ibykus« auswendig, darin durfte ich auf einer Monatsfeier als eine der Erinnyen mit Schlangen im Haar auftreten. Früh erließen mir die besorgten Lehrer Latein und auch in Französisch kam ich nur schlecht voran; hingegen gelang mir auf dem Olympiagelände das Reichssportabzeichen, zu dem uns ein sehr engagierter Sportlehrer anfeuerte; auch riesige Radtouren in die Umgebung Berlins, z. B. Kloster Corin, machte er mit uns; in den Unterklassen waren wir noch im Kremser durch Alt Berlin gefahren.

1938/39 wurde die Schule von den Nazis geschlossen.

GERDA-ELISABETH MAY

Aber Verlust von Jugend und Unbeschwertheit und
Unbekümmertheit und Leichtigkeit –
das gab es. Ich glaube, ich habe nie gelernt, was
Leichtigkeit ist oder Unbekümmertheit oder
Fröhlichkeit.

CAROLA STERN *aus: »Uns wirft nichts mehr um«*

*Elisabeth bei
der Reichsbahn*

Ich knipste und knipste

Es war im Krieg und ich arbeitete als technische Zeichnerin für Maschinenbau bei der Reichsbahndirektion in Nürnberg. Eines Tages fand ich auf meinem Schreibtisch die Mitteilung, daß ich eine Ausbildung als Notdienst-Zugschaffnerin machen müsse, und daß ich mich nach Abholung einer entsprechenden Uniform am nächsten Montag am Bahnhof in Bamberg zu melden habe.

ELISABETH DIETZ

Berufswünsche

Die meisten in der Klasse wollten Lehrerin oder Krankenschwester an der Front werden – letztere hofften wohl auf einen dreißigjährigen Krieg –, sehr wenige wichen von diesen bei den Lehrern geschätzten Berufen ab. Da war Vera Ress, ein hübsches Mädchen mit Stupsnase, sie wollte Tänzerin werden und war verpönt. Nanette wollte auch malen, was uns fast befreundet machte, und eine wollte mit ihrem Vater, der Ingenieur war, nach China – wie sie dort hinkommen sollten und was genau sie dort vorhatten, gab sie nicht bekannt, aber die ganze Sache mit China war schon ein guter Einfall, und man soll dann auch nicht kleinlich werden. Eine kam täglich in einem zerschlissenen und bekleckerten Taftkleid zum Unterricht, sie liebte Johannes Heesters und ging jeden Abend in die Operette »Graf von Luxemburg«, woselbst er auftrat – uns behandelte sie wie hilflose Dorftrottel, weil wir selten ins Theater kamen, ich war erst einmal im Theater oder genauer in der Oper gewesen, »Fidelio«, und wäre fast eingeschlafen.

HILDEGARD KNEF *aus: »Der geschenkte Gaul«*

Morgendlicher Fahnenappell in einem Reichsarbeitsdienstlager in Baden, 1940

II. DAUER DER AUSBILDUNG; AUFNAHME, ENTLASSUNG; SONDERKURSE

Dauer der Ausbildung ein Jahr. Aufnahme und Entlassung jeweils Ostern und Michaelis. Ferien wie bei den öffentlichen Schulen.

Nur gesunde, deutschblütige und sittlich tadelfreie Mädchen werden aufgenommen.

Anmeldung erfolgt bei der Leiterin der Schule. Einzureichen sind: Eintrittserklärung, vom Erziehungsberechtigten unterschrieben, **Zensuren** der letzten 2 Jahre oder Zensurbuch, ärztliches Zeugnis nach Vordruck, Nachweis über die deutschblütige Abstammung bis zu den Großeltern, Lichtbild, Anschrift der Kranken-, bezw. Unfallversicherung · oder entsprechende Fehlmeldung (s. Abschnitt VIII).

Aufnahme wird mündlich oder schriftlich ausdrücklich ausgesprochen.

Ausschnitt aus dem Informationsblatt der Bildungs- und Haushaltungsschule in Radeburg bei Dresden, 1942

Arbeitsdienst für's Abitur

Meine Klasse war, direkt vom Osteinsatz kommend, in den Arbeitsdienst eingezogen worden. Mit der Unterprimanerreife hatten wir die Schule abgeschlossen. Wenn unsere Arbeitsdienstzeit »erfolgreich« beendet sei, würden wir das Abitur verliehen bekommen. So hatte man uns im Griff.

»Welch himmelschreiendes Verbrechen, welcher Irrsinn, jetzt noch in Richtung Osten zu fahren. Junge, wehrlose Mädchen auf einem Haufen zu sammeln. Und dann fallen die Russen über das Lager her. Du bleibst einfach hier.« Ich tröstete Mutter: »Bevor die Russen kommen, haue ich ab, ganz bestimmt. Ich versprech's dir. Dann lasse ich wirklich Abi Abi sein.«

SIGRID *aus: »Muckefuck und Kameradschaft«*

69

Bomben auf Berlin

Viele Familien verlassen wegen der Bombenangriffe die Städte, Anhalter Bahnhof in Berlin im Februar 1944

Am 3. Februar 1945 war ich unterwegs, es war ein sehr klarer und schöner Tag. Während ich mit der Straßenbahn fuhr, ging der Alarm los. Ich schaffte es noch bis nach Hause, traf meine Mutter im Treppenaufgang, und wir konnten noch in den Keller hinunter. Dann spielte sich alles über uns ab. Und wie wir da unten saßen, hieß es, wir kommen nicht mehr raus, weil alles schon kaputt ist. Dann wurden die Durchbruchstellen zum Nachbarhaus freigelegt, und wir dann zum Auffanglager in der Urbanstraße geschleust. Alles, was wir besaßen, trugen wir bei uns. Jeder vermißte einen, wußte nicht, wo er war. Das klärte sich dann alles erst am nächsten Tag, als man auf die Suche ging. Ich ging zur Wassertorstraße und weiter zur Lobeckstraße und dachte, da liegen verbrannte Balken. Aber es waren alles geschrumpfte Menschen. Und das waren alles meine Schulfreunde, die dort in der Gegend wohnten. Das war grauenvoll. Man wird das nie ganz los.

Aus: »3. Februar 1945. Die Zerstörung Kreuzbergs aus der Luft«

Seite aus einem Poesiealbum mit dem Vermerk, daß die Freundin Sigrid 1945 umgekommen ist

70

Luftschutzübung einer
BDM-Gruppe mit Gasmasken,
um 1940

... er hatte gesagt, ich könnte Rad fahren wie ein Junge und hätte schönes Haar

Jede Nacht war Fliegeralarm, wir waren alle müde, hingen in den Bänken, durften nie zu spät kommen – »Die Soldaten an der Front dürfen auch nicht müde sein!« Bomben fielen kaum, man saß nur im Keller, hörte Kinderquaken, das Murmeln der Flak, hatte Zahnschmerzen oder auch keine, roch den feuchten Kellermief, betrachtete die Wasserrohre, schlief über unfertigen Schularbeiten ein, wachte bei Entwarnung wieder auf, schleppte die Koffer nach oben, schlief wieder ein, wurde geweckt durch zweiten Alarm oder den Wecker, trank dünnen, aufgewärmten Kaffee, aß zweimal wöchentlich Eipulver aufgelöst und verrührt, gekocht, gebraten, nach Leim schmeckend, Vierfruchtmarmelade auf Wasserbrötchen, manchmal Margarine, Trockengemüse, trug selbstgestrickten Pullover aus kratziger Kriegswolle – Schafen wuchsen in schwierigen Zeiten Borsten –, gewendeten Mantel, Mappe unterm Arm und los, ran ans fröhliche Lernen zur verständigen, aufmunternden Weise.

Am Sonntag früh holte ich auf Marken den Liter Magermilch für Kleinkind-Bruder, und an einem solchen Sonntag traf ich Martin Witt, er ging in die Treitschke-Schule, hatte ein Fahrrad und trug Rollkragenpullover – beim Milchtopfschwenken lud er mich zum Radfahren am Montag ein, Seligkeit [...] Um vier trafen wir uns beim Stadtpark und kicherten und trampelten auf den Rädern bis fünf, dann mußte er Schularbeiten machen und ich meinen Kleinkind-Bruder vom Kindergarten abholen. Der Dienstag hatte es in sich, ich saß kuhäugig vor Glück und traumverloren in meiner Bank – er hatte gesagt, ich könnte Rad fahren wie ein Junge und hätte schönes Haar –, da machte sich Weises [die Lehrerin] Sopran in meinen Träumen bemerkbar – »... während unsere Soldaten an der Front für uns sterben, haben bestimmte Mädchen unter euch nichts anderes zu tun, als sich mit radfahrenden Jünglingen unnütz die Nachmittage zu vertreiben.« ... radfahrende Jünglinge ... ich mußte an Jünglinge denken, die statt Beinen Räder mit Gummireifen haben, und ich fing an zu grinsen – da donnerte es: Kneeeef ... der Hummer war wieder frisch gekocht, der Tadel in der Führungsmappe eingetragen, verwarnender Brief an Eltern geschrieben, kuhseliges Glück unselig und vorbei.

HILDEGARD KNEF *aus: »Der geschenkte Gaul«*

71

Sowjetische Soldaten und Mädchen
aus Berlin im April 1945

Sperrt die Mädel ein!

Ja, die Mädel sind allmählich verknappte Ware. Man kennt jetzt die Zeiten und Stunden, in denen die Männer auf die Weibsjagd gehen, sperrt die Mädel ein, steckt sie auf die Hängeböden, packt sie in den gut gesicherten Wohnungen zusammen. An der Pumpe wurde eine Flüsterparole weitergegeben: Im Luftschutzbunker hat eine Ärztin einen Raum als Seuchenlazarett eingerichtet, mit großen Schildern in Deutsch und Russisch, daß Typhuskranke in dem Raum untergebracht sind. Es sind aber lauter blutjunge Mädels aus den Häusern ringsum, denen die Ärztin mit ihrem Typhustrick die Jungfernschaft rettet.

Diese Mädchen sind auf immer um die Erstlingsfrüchte der Liebe betrogen. Wer mit dem Letzten begann, und dazu auf so böse Art, kann nicht mehr vor der ersten Berührung erbeben. Paul hieß der, an den ich jetzt denke, er war siebzehn wie ich, als er mich auf der Ulmenstraße in den Schatten eines fremden Haustors drängte. Wir kamen aus einem Schülerkonzert, Schubert, glaube ich, noch warm von der Musik, über die wir doch nichts zu sagen wußten. Unerfahren wir alle beide; Zähne preßten sich gegen Zähne, während ich gläubig auf das Wunderbare wartete, das vom Küssen kommen sollte. Bis ich merkte, daß sich mein Haar gelöst hatte. Die Spange, die es sonst im Nacken zusammenhielt, war weg. Was für ein Schreck! Ich schüttelte Kleid und Kragen. Paul tastete im Dunklen auf dem Straßenpflaster herum. Ich half ihm suchen, unsere Hände trafen und berührten sich, doch nun ganz kalt. Die Haarspange fanden wir nicht. Ich hatte sie wohl schon unterwegs verloren. Das war sehr ärgerlich. Die Mutter würde es gleich merken, sie würde mich fragen, mich scharf ansehen. Und ob ihr dann mein Gesicht nicht verriet, was Paul und ich im Torweg getan? Wir trennten uns überhastet, in plötzlicher Verlegenheit, und kamen einander später nie mehr nahe. Trotzdem haben jene scheuen Minuten im Torweg für mich einen Silberglanz behalten.

ANONYMA *aus: »Eine Frau in Berlin«*

Ende April rückten Truppen der Roten Armee nach Berlin ein. In den eroberten Stadtteilen versuchten junge Frauen und Mädchen, sich vor den Vergewaltigungen der Soldaten in Sicherheit zu bringen.

Ein langer Heimweg

Im Januar 1945 wurde unser Lager in einem Schloß in der Nähe von Pilsen untergebracht. Wir waren etwa 150 Mädchen im Alter von 12 bis 16 Jahren, außerdem vier Lehrerinnen und vier BDM-Führerinnen. Im Bund Deutscher Mädchen (BDM) war die weibliche Hitlerjugend organisiert, und zwar die 14 bis 18jährigen. Eine Lehrerin war die Lagerleiterin, ihr Name war Fräulein Steinhauer. Wir liebten sie alle sehr.

In der Nacht zum 29. April 1945 versammelten wir uns leise auf dem Marktplatz. Der Mond stand friedlich am Himmel, aber wir fühlten uns erbärmlich. Fräulein Steinhauer sagte, daß wir jetzt etwas laufen müßten.

Dann ging es leise durch den Böhmerwald, voran Fräulein Steinhauer mit Kompaß und Kilometerzähler. Es wurde immer kälter, da es ständig bergauf ging, und wenn ich dachte, ich kann nicht mehr, riß ich mich zusammen: Waren wir nicht »der Stolz des Führers«? Und für Führer, Volk und Vaterland mußte man alles ertragen. Das hatten uns unsere BDM-Führerinnen drei Jahre lang eingehämmert. […]

In den frühen Morgenstunden erreichten wir einen Ort mit dem deutschen Namen Glaserwald. Endlich waren wir in Sicherheit. Wir waren fast 30 Kilometer gelaufen, müde und erschöpft. Nun suchten wir eine Bleibe, wo wir hinfallen und schlafen konnten. Wir klopften an das Fenster einer Gastwirtschaft. Eine verschlafene Frau öffnete, doch als sie uns sah, schüt-

Flüchtlinge,
erschöpft und verzweifelt, 1945

telte sie verneinend den Kopf und schloß das Fenster. Ich habe ihr Gesicht nie vergessen. […]

Da standen wir nun, schmutzig, müde, ausgezehrt von Hunger und Strapazen. In mir stieg eisige Kälte auf. Mein Denken war wie abgestorben. Ein amerikanischer Offizier brachte uns in eine Schule. Abends mußten wir uns auf der Straße aufstellen. Was hatten sie mit uns vor?

Was jetzt kam, konnten wir nicht fassen: Für jeden gab es eine Schüssel Suppe aus der Feldküche der Amerikaner. Dicke Rosinen schwammen darin. Ich sehe sie noch heute. Der »Feind« kochte für uns Suppe! Unglaublich.

Zwei Tage später brachten uns amerikanische Armeefahrzeuge nach Grafenau. Nach tagelangen Wanderungen durch den Bayerischen Wald kamen wir mit Hilfe der Amerikaner einzeln bei Bauern unter. Mich brachte man zu einem Bauernhof in Fürsteneck. Als die Bäuerin hörte, worum es ging, lehnte sie ab. Sie mußte mich aber hereinlassen. Mürrisch wies sie mich an, ich solle mich auf die Bank setzen. Da saß ich nun, schmutzig, müde und hungrig. Keiner nahm Notiz von mir. Nie habe ich mich so verlassen gefühlt. […]

Ende Juli 1945 kamen wir in unserer zerstörten Heimatstadt an. Vor drei Jahren waren wir am Hauptbahnhof mit großen Worten und viel Musik von den Nazis verabschiedet worden. Nun kehrten wir zurück, total verwahrlost, aber froh, daß wir noch lebten.

MARIANNE *aus: »Wir wollten leben«*

Flüchtlinge aus dem Osten – Ziel unbekannt, 1945

Nach dem Chaos in die heile Welt

1946 – 1961

Zeitblende

Deutschland und Österreich werden in vier Besatzungszonen aufgeteilt • Überall herrscht Hunger • Viele Städte sind zerstört, Wohnungsnot ist die Folge • Ankurbelung der Wirtschaft durch den Marshallplan in Westeuropa • 1948 Währungsreform in den Westzonen • 1949 Gründung der Bundesrepublik Deutschland in den drei Westzonen, Gründung der DDR in der sowjetisch besetzten Zone • Gleichberechtigung von Mann und Frau in Verfassungen beider deutscher Staaten verankert • Kalter Krieg zwischen dem sozialistischen und dem kapitalistischen System • 17. Juni 1953: Aufstand in der DDR gegen SED-Regime • Wiederbewaffnung in Ost- und Westdeutschland • 1955 Österreich erhält seine volle Souveränität zurück • 1957 Gründung der Europäischen Wirtschaftsgemeinschaft EWG • 1960 John F. Kennedy wird Präsident der USA • 1961 schließt die DDR ihre Grenzen zur Bundesrepublik; Mauerbau in Berlin

Mein schönstes und auch einziges Geburtstagsgeschenk zum Sechzehnten war ein ganz kleines Brot – aber ganz für mich allein sollte es sein.

In den Notunterkünften für Flüchtlinge gab es häufig keine Kochgelegenheiten

Aber die Wirklichkeit sah anders aus

Ich bin jung, ich bin achtzehn Jahre alt. Und ich kann noch mal neu anfangen. Es kommt nur darauf an durchzukommen. Zu überleben. Irgendwo ein Kleid geschenkt zu bekommen. Diesen Heuboden wieder verlassen zu können. Ein menschenwürdigeres Quartier zu finden. Zu essen und zu trinken zu haben. Es geht um den nächsten Tag und um nichts weiter!

Aber als ich so lange nackt unter dieser Decke lag, dachte ich auch: Jetzt ist Frieden, Frieden! Jetzt wirst du in die Welt kommen. Und eines Tages wirst du mit einem Kavalier auf einen großen Ball gehen. Und du wirst ein Ballkleid mit vielen Volants tragen, Dauerwellen haben, geschminkt sein und herrlich aussehen und Wiener Walzer tanzen, wie im Kino. Und du wirst mit deinem Kavalier die Balustrade entlang flanieren, einen bemalten Fächer in der Hand, mit dem du dir elegant Luft zufächelst, und formvollendete Handküsse entgegennehmen. Das ist Frieden.

Aber die Wirklichkeit sah anders aus. Wir lagen buchstäblich im Dreck.

CAROLA STERN *aus: »Uns wirft nichts mehr um«*

Mit zehn Ernährer der Familie

Nachdem sich das Leben wieder einigermaßen normalisiert hatte, trieb ich mich fast den ganzen Tag über bei den Kasernen der Amerikaner herum. Ich fand heraus, daß man mit den Soldaten, die jetzt die Herren in unserem Land waren, gute Geschäfte machen konnte. Im Nu lernte ich die nötigen Brocken Umgangsenglisch, genug, um ihnen klarzumachen, welche Zahlung ich erwartete, nämlich Chewing Gum, Cigaretts, Chocolate, Coffee, Tea.

Die GIs gaben mir ihre Unterwäsche und Socken zum Waschen und Stopfen mit, dazu auch immer ein Stück duftende Seife. Omi besorgte das Waschen, Bügeln und Stopfen, und ich verhandelte mit ihnen über neue Zahlungsmodalitäten, je nachdem, was bei den Tauschgeschäften gefragt war oder was wir selbst benötigten, Naturalien wie Bohnenkaffee, Dosenkäse, Ei- und Milchpulver, Maismehl, Rohrzucker.

Später sammelte ich Zigarettenkippen. In einen alten Spazierstock schlug ich unten einen Nagel ein, mit dem ich die von den Amis achtlos weggeworfenen Kippen aufspießte und in einer Papiertüte sammelte. Zu Hause polkte ich den Tabak heraus und rollte aus Zeitungspapier neue Zigaretten, die ich auf dem Schwarzen Markt verhökerte. Von diesem Geld lebten wir. Im Sommer 1945 kehrten meine Mutti und meine sechs Jahre alte Schwester Sigrid nach Frankfurt zurück, sie zog in ihr altes Schlafzimmer, eine unserer Untermieterinnen mußte sich eine neue Wohnung suchen.

Nun mußte ich für vier Leute Essen heranschaffen. Es mag eigenartig klingen, aber mit meinen zehn Jahren wurde ich zum Ernährer der Familie.

HELGA *aus: »Lebertran und Chewing Gum«*

Tanzstundenball im Flickenkleid, Frankfurt am Main 1947

Ein GI schenkt Kindern Kaugummi

Ursula, 1949

Flickenkleider

Kleidung gab es für die heranwachsende Jugend in dieser Zeit kaum bzw. gar nicht. Mit sogenannten Punktkarten konnte man – sofern man sie bekam – Bekleidung kaufen. Meistens war nichts in den Geschäften und für eine größere Anschaffung, wie Schuhe oder Mäntel, mußte man ganz schön viele Punkte berappen.
Aber Not machte erfinderisch – ein gängiges Wort damals. Die Kinderkleider, inzwischen zu kurz, zu eng oder entzwei, wurden geschickt verändert. Die Oberteile wurden zum Beispiel mit anderen Stoffteilen vergrößert und aus den übrig gebliebenen Stoffresten Quadrate geschnitten. Die wurden zu neuen Röcken zusammengenäht – die sogenannten Flickenkleider.

HILDEGARD *aus: »Kürbisse im Böcklerpark«*

Im Mund den
Kaugummigeschmack

Es ist Frieden 1946. Dicht aneinandergerückt liegen sie, im Mund den Kaugummigeschmack, zwischen Schlüsselblumen und Maulwurfshaufenerdgeruch. Im blauen Frühlingshimmel, in den die Lerchen Treppen springen, brummt entfernt ein Flugzeug. Nilla schaut aus dem Fenster. Der Ami geht ins Haus. Das Flugzeug wird lauter, nähert sich – immer lauter –, übertönt die Amimusik. Da werfen sie die Hände über die Köpfe – nicht nur die Elfriede, auch die Buben – und die Gesichter ins Gras. Langsam entfernt sich das Flugzeug, dreht und kommt noch mal näher. Karl hebt als erster den Kopf. »Ist ja viel zu hoch für einen Tiefflieger. Der dreht ja nur so eine Runde.« – »Ist ja überhaupt kein Krieg mehr.«

Aus: »Peppermint Frieden«

*Kinderspiel auf Flugzeugtrümmern
in der Nähe von Nürnberg*

Burgel mit Sommersprossen

In unserer Küche stand ein Volksempfänger; wann immer Maria von Schmedes' »I hab rote Haar, feuerrote Haar sogar« ertönte, wurde das Radio lauter gestellt. Es war schrecklich: ich hatte nämlich diese feuerroten Haare, und Sommersprossen dazu. Ich litt sehr darunter.
Als ein Cousin aus der englischen Gefangenschaft nach Hause kam, brachte er mir eine Creme gegen Sommersprossen: bei der ersten Frühjahrssonne aufgetragen, würde sie die Sommersprossen nicht rauskommen lassen. Die Hoffnungen haben sich nie erfüllt.

BURGEL ZEEH

*Anita und ihre
Freundinnen*

Kein Studienplatz für
die Kapitalistentochter

Als ich mit sechs Jahren mit meinen Eltern und den Brüdern Joachim und Christian in das Märchenschloß »San Remo« auf dem Weißen Hirsch in Dresden einzog, begann die wohl schönste Zeit meiner Kindheit. Noch ahnte damals in diesem Haus inmitten von eigenen Gärten und Weinbergen am Hang oberhalb der Elbe niemand, daß uns noch ganz andre Zeiten bevorstehen würden.

Unser Vater hatte außerhalb von Dresden seinen Betrieb, eine große Schuhfabrik, und pendelte täglich zwischen hier und dort. Eine schwere Erkrankung brachte es mit sich, daß er sich schon nach sechs Jahren gezwungen sah, sich von dem geliebten Anwesen wieder zu trennen.

Vor Ende des Krieges verwirklichte ich meinen großen Traum und begann gegen den Willen des Vaters ein Kunststudium an der Akademie der Bildenden Künste in Dresden. Während des Grundsemesters bestand unsere Aufgabe z. B. auch darin, für die Gauleitung »Katastrophenpläne für den Ernstfall künstlerisch zu beschriften«.

In dieser Zeit war es dann auch, daß ich im Zuge des Studentischen Kriegsdienstes als Straßenbahnschaffnerin den Bombenangriff auf Dresden 1945 miterleben mußte. Mein großer Bruder kämpfte an der Ostfront, ohne jemals von dort zurückzukehren, mein kleiner Bruder ging noch in die Schule, und so fiel die Wahl auf mich, den kranken Vater im Betrieb zu stützen; ich trat in die Leitung der Fabrik mit ein. Aber auch nach dem Krieg kamen keine glücklichen Jahre auf uns zu, wir wurden enteignet, und wir mußten von einer Stunde auf die andre Häuser und Fabrik verlassen.

Weitestgehend mittellos bewarb ich mich ein zweites Mal an der Akademie und wurde zugelassen. Nun konnte ich in der Studienklasse »Freie Graphik« bei so wunderbaren Lehrern wie Joseph Hegenbarth und Hans Theo Richter oder dem alten Lithographen, der noch für Otto Dix gearbeitet hatte, meine Studien betreiben. Es waren glückliche Jahre mit rauschenden Akademiefesten.

Nach sechs Semestern wurde ich jedoch aufgrund meines Status als »Kapitalistentochter« suspendiert und hatte keine Möglichkeit mehr, ein Diplom zu erreichen. Aufgeben mochte ich trotzdem nicht. Gerne nahm man mich an der berühmten Graphischen Sammlung auf, und so konnte ich, peu à peu, nach der später erfolgten Flucht in den Westen auch in den Sammlungen München, Coburg und am Germanischen Nationalmuseum Nürnberg meinen freien Beruf der Restauratorin für Handzeichnungen und Druckgraphik erlernen, den ich sogar heute noch mit großer Freude ein wenig ausübe.

ANITA KÄSTNER

*Die Villa »San Remo« in Dresden hatte kurz vor dem Krieg ein
Amerikaner gekauft. Er wurde später aufgrund unbelegter
Gerüchte, daß vom Turm des Hauses aus der Angriff auf Dresden
gesteuert worden wäre, zeitlebens ins Gefängnis gebracht.*

Die erste Dauerwelle

Mit ihren fünfzehn Jahren fühlte sie sich eher als junge Frau denn als kleines Mädchen. Begeistert reagierte sie daher auf den Vorschlag ihrer Mutter, mit ihr gemeinsam zum Friseur zu gehen. Sie kam sich so verwahrlost und ungepflegt vor und wollte neben den Berlinerinnen doch nicht wie ein häßliches Entlein aussehen. Man sollte in ihr nicht gleich das arme Flüchtlingskind erkennen. Ein kleiner Salon in einem unversehrten Haus; die gesamte Einrichtung war heil geblieben. Nach einigem Zögern entschied Marga sich für eine Dauerwelle. Die erste in ihrem Leben. Ihre langen Zöpfe fielen der Schere zum Opfer, und aus dem ostpreußischen Mädel wurde eine flotte junge Dame – so weit das für eine Heimatvertriebene möglich war. Die Müllers lebten ja immer noch in dem ehemaligen Pferdestall auf einem Blätterlager. Dennoch: es gab plötzlich wieder anderes als nur die Sorge ums tägliche Brot, ums reine Überleben.

Aus: »Treibgut des Krieges«

Ein Fön wechselt die Besitzerin, auf dem Schwarzen Markt in Berlin, um 1946

Nun machten sich Schönheit und Wohlstand breit

Eine der ersten Modenschauen nach dem Krieg, Wiesbaden 1948

Eines Tages kam eine schicke Frau durch die Türe: frisch dauergewelltes, glänzendes und dunkelbraunes Haar, strahlende Augen, ein neuer Rock und sogar Nylonstrümpfe an den zarten Beinen und, oh Sünde, mit Lippenstift!
Doch als diese »fremde« Frau den Mund aufmachte, war allen klar, daß das nur Tante Kathi sein konnte. Noch nie hatten wir Kinder sie ohne ihr Trümmertuch gesehen. Nun machten sich Schönheit und Wohlstand breit.

DOROTHEA *aus: »Schlüssel-Kinder«*

Du darfst nie zeigen, daß du gescheit bist ...

»Meine Tochter Inge darf ab Januar 1946 wieder die Höhere Mädchenschule besuchen.« Diese Mitteilung hatte mein Vater, der Kinderarzt war, auf eines seiner Rezeptformulare geschrieben und mir als Geschenk 1945 unter den Weihnachtsbaum gelegt. Nachdem die Schulen nach Kriegsende 1945 wieder geöffnet hatten, war ich in eine Friseurlehre geschickt worden. Im existentiellen Wirrwarr der Nachkriegszeit hatte mein Vater gedacht, mir weder eine höhere Schule noch ein späteres Studium finanzieren zu können (sowohl für Höhere Schule wie auch für Universität mußten Eltern damals noch bezahlen).

Nun also durfte ich, damals fast sechzehn Jahre alt, endlich wieder in meine geliebte Schule gehen. Ich lernte leicht – außer Mathematik. Ich wollte das Abitur machen und dann Medizin studieren, um die Praxis meines Vaters zu übernehmen. Gleichzeitig schwelgte ich aber auch in anderen Berufsvorstellungen wie Tierärztin, Schauspielerin, Dolmetscherin oder Gymnastiklehrerin. Doch ich spürte immer wieder, daß schon allein meine Idee, überhaupt einen Beruf zu erlernen, auf sehr reservierte Reaktionen bei meinen Eltern oder auch Großeltern stieß. Auf den Traum von der Tierärztin meinte mein Vater: »Du kannst doch keine Kuh entbinden!« Der Kommentar zur Schauspielerin lautete: »Du gehsch mir net unter die Scheurepurzler!« (Das ist schwäbisch, die »Scheure« sind die Bretter, und die »Purzler« sind die Schauspieler, die darauf »herumpurzeln«.) Die Dolmetscherin hätte Auslandsaufenthalte vorausgesetzt, aber mein Großvater drohte: »Ich würde nie ein Mädchen heiraten, was schon mal allein in Paris war.« Auch England als Aupair war tabu. Und eine Gymnastiklehrerin sei erledigt, wenn sie sich ein Bein breche. Daß in meinen Alternativen auch das Medizinstudium mit späterer Übernahme der Praxis vorgesehen war, schien meinem Vater ebenso wenig Anlaß zur Freude gewesen zu sein, denn er nahm mich zwei Jahre vor dem Abitur wieder von der Schule mit der Begründung, daß ich schlecht in Mathematik sei. Das stimmte, aber in allen anderen Fächern lag ich mit an der Spitze der Klasse. Meine Klassenlehrerin schrieb einen flehenden Brief, seine Entscheidung zu überdenken, es half nichts, ein Freund hatte ihm eine Lehrstelle für mich in seiner Buchhandlung angeboten. Nun war das für mich als Leseratte nicht die schlechteste Wahl. Ich stürzte mich mit viel Freude in diesen Beruf, hörte aber nie auf, dem entgangenen Abitur nachzutrauern.

Mit Kindern über ihre Zukunftsvorstellungen zu sprechen, war zu jener Zeit nicht üblich. Mein Vater hatte verfügt und damit basta, und ich habe nicht gewagt, dagegen zu rebellieren. Wichtig war ihm dagegen, mich an den in seinen Augen richtigen Ehemann zu bringen. Vor allem bleute er mir ein: »Du darfst nie zeigen, daß du gescheit bist, Männer mögen keine gescheiten Frauen.«

Nach dem Tod meines Mannes setzte ich mich noch einmal auf die Schulbank des Ulmer Abendgymnasiums und machte im Jahr 1987 mit siebenundfünfzig Jahren Abitur. Mein Abiturzeugnis mit der Note 1,2, außerdem der Scheffel-Preis für den deutschen Aufsatz und die Urkunde fürs Latinum waren neben dem Rezeptzettel meines Vaters von Weihnachten 1945 die schönsten Geschenke meines Lebens – außer meinen drei Kindern.

INGEBORG FRIED

Ingeborg als Lehrling im S. Fischer Verlag

Schlüsselkinder

*Nach der Schule in
eine leere Wohnung, 1954*

Wir waren acht, neun Jahre alt. Wenn wir mittags aus der Schule nach Hause kamen, war keiner da, der auf unser Klingeln die Tür geöffnet hätte. Beide Eltern gingen arbeiten, damit das Geld reichte. Also, den Schlüssel aus dem Pullover gezogen, der dann nicht mehr, wie morgens, kalt, sondern von der Körperwärme warm in unseren Händen lag. Rasch wurde die Tür geöffnet: eine unordentliche Wohnung empfing uns. Mal kam Gisela zu mir nach Hause, mal ging ich zu ihr. Denn eine Wohnung ohne Mutti und die Geschwister war irgendwie unheimlich. Die jüngeren Geschwister kamen erst abends nach Hause, Mutti holte sie nach der Arbeit im Kinderhort ab. Dann wurde es laut und munter. Aber mittags war es schrecklich still. Verwöhnt wurden wir nicht, denn Mutti schrieb jeden Tag auf einen Zettel, was alles zu erledigen war: Lüften, Betten machen, spülen, einkaufen. Das Mittagessen hatte sie am Abend zuvor gekocht, das mußte aufgewärmt werden. So schnell wie möglich arbeiteten wir »kleinen Hausfrauen« den Arbeitszettel ab, damit wir rasch mit den Hausaufgaben beginnen konnten. Dann hatten wir endlich frei.

DOROTHEA *aus: »Schlüssel-Kinder«*

In Ulm kam ich mal wieder in eine neue Klasse.
Da mußte ich Englisch nachholen. Langsam ging es mir auf die Nerven, daß ich
bei Beginn eines neuen Schuljahres jedes Mal wieder den Namen und den Beruf meines
Vaters angeben mußte. Am schlimmsten war, wenn ich ganz am Schluß sagen mußte:
»gefallen«. Wie ich die Mädchen in meiner Klasse im Mädchengymnasium beneidete,
die antworten konnten, mein Vater heißt soundso, Beruf Arzt oder
Geschäftsmann, in Ulm ansässig. (Nach der Mutter wurde man ja nie gefragt.)
Schlechter als ich waren, fand ich, eigentlich nur noch diejenigen dran, die bei der
Frage nach ihrem Vater am Schluß sagen mußten: »vermißt«.
Da war mir mein gefallener Vater doch lieber.

Aus: »Weil du ein Mädchen bist«

Marianne Oberschmid und ihre Cousine Sibylle, 1942

Marianne, 1951

»Happy End«

Eine Halbwaise mit acht Jahren, drei jüngeren Brüdern und einer wunderschönen, achtundzwanzigjährigen Mutter geht mit Begeisterung in eine Ballettschule, und die Klavierlehrerin kommt zum Unterricht ins Haus.

Der Schrecken des Zweiten Weltkrieges zerstört das mühsam von der tapferen Mutter aufgebaute kleine Familienglück, denn das gemütliche Heim wird in einer furchtbaren Bombennacht ein Raub der Flammen, und die nun heimatlosen Geschwister werden auseinandergerissen, um bei Großeltern und Tanten außerhalb der Heimatstadt aufgenommen zu werden. Die »Große« – inzwischen Schülerin einer renommierten Mädchen-Oberschule – kommt mit der »Kinderlandverschickung« (genannt KLV-Lager) in das von Bombardierung verschonte Allgäu.

Bei einer Theateraufführung bekommt die schulisch nicht gerade Beste jedoch die Hauptrolle, und der Schuldirektor meint bei der Premiere zu der eingeladenen Mutter: »Ein Talent, dieses Kind, sie könnte wirklich Schauspielerin werden.« Er konnte ja nicht ahnen, daß er aussprach, was der Herzenswunsch für den weiteren Lebensweg des jungen Mädchens war. Schauspielerin – der Traumberuf! So oft es möglich ist, geht man ins Theater, zusammen mit der besten Freundin, in den Mänteln der Mütter, man will ja erwachsen sein; man schwärmt für die Schauspieler und genießt das Erwachen von Kunst und Kultur nach einem schrecklichen Krieg. Adieu, schöne Illusion, auf den Brettern, die die Welt bedeuten, stehen zu können! Die Mutter »verordnet« nämlich einen soliden kaufmännischen Beruf, und die Tochter wandert mit Enttäuschung im Herzen nicht zu einer Bühne, sondern in ein Büro: Schauspielerei war nicht mehr gefragt. Aber in diesem Lebensstück gibt es doch noch ein »Happy End«: Der Chef des Unternehmens heiratet die junge Dame!

MARIANNE OBERSCHMID

83

*Am 13. Dezember 1948 wurde der Verband der Jungen
Pioniere, die Kinderorganisation für 6- bis 14jährige in
der späteren DDR, gegründet. Antonia in Pionierkleidung
mit ihrer Familie am 1. Mai 1953 in Ostberlin*

Selbstkritik

Drei Jahre später, ich ging in die sechste oder sie-
bente Klasse, erlebte ich selbst die Tortur einer
Kritik- und Selbstkritik-Stunde, ganz in der Ordnung
des Alphabets, I war dran, I wie Iglarz. Ich glaube,
jemand warf mir vor, ich sei arrogant (arrogant wurde
ich erst viel später und auch nur aus Notwehr), was
meine beste Freundin Irene bewog, der Klasse ihre
Erfahrung mit meiner Arroganz vorzutragen. Ich
hatte ihr kurz zuvor das erste und einzige Abendkleid
meiner Mutter gezeigt, aus fast weißer Jacquardseide
mit schmaler Taille und einem weiten langen Rock,
in dem meine hübsche Mutter aussah wie eine Prinzessin, jedenfalls für mich. Dieses Kleid hatte ich
Irene gezeigt, und weil ich glaubte, mich für den

unproletarischen Luxus eines solchen Kleidungs-
stücks entschuldigen zu müssen, hatte ich erklärt,
daß meine Mutter mit ihrem Mann manchmal zu
Empfängen gehen müsse und das Kleid darum wirklich brauche. Irenes Eltern waren mittlere Partei-
funktionäre, die zu Empfängen nicht eingeladen
wurden, das hatte ich nicht bedacht. Es wurde eine
grausame Stunde. Ich weiß nicht warum, aber ich
habe Irene später verziehen und war während der
ganzen Schulzeit mit ihr befreundet. Nachdem mein
Buch »Flugasche« 1981 im Westen erschienen war,
wendete sie erkennbar den Kopf ab, wenn sie mich
auf der Straße traf.

MONIKA MARON *aus: »Pawels Briefe«*

... für die spätere Rolle als Hausfrau und Mutter

Yvonne in der Bernertracht, auf dem Kinderumzug des Sechseläutenumzugs in Zürich, um 1940

W ir haben überlebt«, so war der Titel eines Blattes, das mir kürzlich in die Hand geraten ist. Wir, die zwischen 1920 und 1930 Geborenen, haben überlebt, obwohl es zu dieser Zeit weder Fernseher noch Penizillin noch Tiefgefrierprodukte gab. Wir mußten nicht aus einer Güterfülle das Sinnvolle wählen, sondern unsere Frage hieß: Wie gewinnen wir aus dem Wenigen das Notwendige? Dies prägte uns für das ganze Leben.

Die Schweiz war glücklicherweise vom Kriege verschont geblieben. War der Vater jedoch selbständig und hatte einen eigenen Betrieb, so hieß das: sparen zu Hause. Ich hätte gerne studiert. Zu dieser Zeit war es noch das Lateinische und das Griechische, was mich faszinierte. Doch in einem Elternhaus, wo man ausgesprochen kaufmännisch und praktisch argumentierte, stießen solch ausgefallene Wünsche, wie diese »unbrauchbaren« Sprachen zu lernen, auf wenig Gehör. Man soll etwas lernen, womit man sein späteres Leben auf sichere Füße stellen könne. So z. B. Hutmacherin oder Schneiderin. Zudem wäre das auch sinnvoll für die spätere Rolle als Hausfrau und Mutter. Diese Rolle war einem klar zugeschrieben, und auch ich hatte nichts gegen eine solche Rolle einzuwenden. Ich machte im Kinderspital eine Lehre als Laborantin, das kam meinem ursprünglichen Berufswunsch, Apothekerin zu werden, am nächsten. Als ich danach meine erste Stelle in Genf antrat und dort in der Pension ein Klavier in meinem Zimmer stand, wurde mir plötzlich bewußt, was ich in Zukunft machen möchte, nämlich ein Klavierstudium beginnen. Kurzentschlossen hatte ich mich am Konservatorium angemeldet und berufsbegleitend zu studieren begonnen. Meinen Abschluß machte ich dann in Zürich.

Mein Vater hatte dafür kein Verständnis, zum Glück gab es ein Sparbuch von meinem Großvater, das mir die Ausübung des Studiums ermöglichte. Noch heute bin ich ihm dankbar für diese Vorsorge. Zwar hatte ich schon als kleines Kind Klavierunterricht bekommen, aber ich war nicht beständig genug, um schon klar diese Neigung zu erkennen. Um ein Musikstudium zu absolvieren, muß man ausgesprochen fleißig und diszipliniert sein. Das war ich noch nicht während meiner Jugendzeit. Diese Eigenschaften haben sich erst während des Studiums entwickelt. Gerechterweise muß aber gesagt werden, daß ich von meinem Elternhaus ein ausgeglichenes Verhalten, Pünktlichkeit und auch Sparsamkeit mit auf meinen Lebensweg mitbekommen habe, alles Eigenschaften, die mir in meinen späteren Tätigkeiten enorm geholfen haben. Meine großen Vorbilder habe ich jedoch erst nach meinem zwanzigsten Lebensjahr getroffen. Sie haben mein ganzes späteres Leben geprägt und geformt.

YVONNE LANG-CHARDONNENS

85

Eine deutsche Frau schminkt sich nicht

Zeitschriftentitel von 1959

Einmal erwischte mein Vater uns beide, als wir Arm
in Arm über eine Straße in der Nachbarschaft schlender-
ten, die Lippen und Wangen mit roten Buntstiften
angemalt. Er zog mich sofort ins nächste Haustor und rieb
mir mit Spucke auf seinem Taschentuch die Schminke
wieder ab. Abends hielt er, wie zu erwarten, eine
Strafpredigt. Papa vertrat die Ansicht, daß sich eine
deutsche Frau nicht schminkt.

HELGA *aus: »Lebertran und Chewing Gum«*

Für meine Mutter war ich jetzt der Partner

Geboren 1939, hatte ich das Glück, 1945 im richtigen Alter eingeschult zu werden. Meine Mitschülerinnen waren fast alle ein bis zwei Jahre älter als
ich, was beim Lernen niemanden interessierte. Nur
wenn es um die Freizeit ging, spielte das für meine
Eltern eine Rolle.
Als meine Freundinnen anfingen, sich zur Tanzschule
anzumelden, wurde entschieden, mit vierzehn Jahren

ginge man nicht in die Tanzstunde. Aber ich habe mich
durchgesetzt, erklärte störrisch, ich ginge jetzt mit
allen, oder gar nicht. Die Tanzstunde war eine ganz
neue Erfahrung. Die Bettina-Schule, eine Mädchenschule, wurde von uns nur »Bettina-Kloster« genannt,
weil das Schulende immer so mit der Goethe-Schule
für Jungen abgestimmt wurde, daß man sich auf dem
Heimweg nicht begegnete. In der Tanzstunde nun

kamen wir erstmals mit den Jungen in Kontakt. Wir
hatten auch Unterricht in Etikette, z. B. wie man sich
vorstellt. Wir lernten, daß der Herr seiner Dame zum
Abschlußball Blumen mitbringt und Handschuhe
trägt, damit er nicht mit seinen verschwitzten Fingern
die Dame im Rückendekolleté berührt.
Selbstverständlich trug auch die Dame immer Handschuhe! Weihnachten 1953 bekam ich mein erstes
Abendkleid, »gletscherblau«, Silberriemchensandalen
und alles Zubehör.
Am 25. Januar 1954 starb mein Vater. Bei der Beerdi-
gung wurde meine Mutter gefragt, ob sie mich schon
von der Tanzstunde abgemeldet hätte. Trotz heftiger
Proteste einiger Tanten blieb meine Mutter bei ihrer
Meinung, sie wolle nicht, daß ich immer an meinen
Vater denken würde mit der Erinnerung, daß ich sei-

*Margot im
gletscherblauen Abendkleid*

netwegen um meinen Abschlußball gekommen wäre.
Ich war jetzt mit fünfzehn Jahren der einzige Partner
für meine Mutter, vom Opernbesuch bis zu den Kurz-
reisen. Die Tanzstunden, die ich weiter besuchte, und
die Übungsabende, die in der Börse oder im Palmen-
garten stattfanden, und auch mein erster Freund, den
ich beim Abschlußball kennengelernt hatte, halfen mir
in dieser Zeit, ein bißchen Freiraum zu bekommen.
1955 hatte ich meine Mittlere Reife, 1956 den Abschluß der Höheren Handelsschule und fing in einer
Bank als »Anfänger« an (Lehrstellen gab es damals
auch kaum). In zwei Jahren wurde ich in fünf Abteilungen ausgebildet. Es war eine sehr schöne Zeit.
Mit neunzehn Jahren heiratete ich, mit zwanzig Jahren
war ich Mutter.
Für heutige Verhältnisse eine sehr kurze Jugend, was
ich damals aber nicht so empfunden habe. Ich erinnere mich sehr gern daran zurück.

MARGOT FABER

Sparkassenplakat, 1951

Ich geh' zum Film

Ich wurde siebzehn. Am vierten April. Im Mai stand eine Annonce in der Berliner Zeitung: »Für die Hauptrolle in einem heiteren Spielfilm suchen wir junges, fröhliches, hübsches Mädchen. Alter 16 bis 20 Jahre, Größe etwa 1,60 m. Die Jury des Studios legt Wert auf ein natürliches Wesen. Geeignete Bewerberinnen …«

Mit drei Freundinnen und Hunderten junger Mädchen fuhr ich mit der S-Bahn nach Potsdam. Ich sah nur Himmel und Mädchen. An der Station Griebnitzsee war die S-Bahn plötzlich leer. Wir liefen zu den Studios, und es muß ungefähr ausgesehen haben wie die Puszta im Film, wenn die Gänsescharen durchs Bild laufen. Die Gänse sind jedes Mal die absoluten Hauptdarsteller angesichts der Ereignislosigkeit des Landes, aber es sind eben sehr viele. Wir trugen fast alle einen Pferdeschwanz und außerdem sagenhaft enge Gürtel. Gürtel waren gerade sehr modern.

Das Warten war endlos. Ich dachte an meine Mutter, die an ihrem S-Bahn-Fahrkartenschalter Nordbahnhof saß und Spätschicht hatte. Sie würde also nicht merken, wenn ich spät kam. Aber die Furcht saß tief. Es war noch nicht lange her, da mußte ich spätestens um sieben zu Hause sein. Waren es fünf Minuten später, bekam ich Stubenarrest. Arrest! Was für ein Wort. Ich war vor meiner Freundin dran. Es war kurz nach neun. Ich war die 1106. Bewerberin des dritten Tags. Als Dudow sich an mich wandte, legte ich ihm gleich einen Riesenstapel eigener Fotos auf den Tisch. Er lachte. Es waren die Früchte meiner Arbeit beim Dramatischen Zirkel. Besser gesagt, es waren die Früchte der Arbeit des Fotografischen Zirkels. Vom Dramatischen Zirkel erzählte ich Dudow auch und erklärte ihm vor allem mit einem zu allem entschlossenen Gesichtsausdruck, wie ernst es mir sei mit diesem Beruf. Und damit würde ich nicht etwa nur diesen Film meinen und dieses ganze jugendliche Schwärmertum, sondern das Ethos des Schauspielers als solches. Dudow amüsierte sich gut. Der Rest seines Stabes schlief beinahe schon. Inzwischen waren sie alle aufgewacht. Wie relativ die Sache mit dem Berufsethos ist, erkannte Dudow bestimmt an meiner unvermittelten Erkundigung, ob es möglich sei, mir einen Entschuldigungszettel für meine Mutter zu schreiben.

Ein Ethos allein ist eben selten genug im wirklichen Leben.

Sie hören von uns, versprach Dudow und sagte zu seinem Fahrer, er solle mich nach Griebnitzsee zurückbringen, mich und meine Freundin, mit der er sich aber nur sehr kurz unterhalten hatte. Wir fuhren in einem Mercedes. Der Erfinder des proletarischen Films besaß also einen Mercedes. Erst jetzt ahnte ich, was für ein großer Mann das war.

Ich hielt den Abend für gelungen. Wer bekommt schon gleich am ersten Tag einen Mercedes plus Fahrer? Ich stieg am Nordbahnhof aus. Meine Mutter saß am Schalter. Und noch ehe sie fragen konnte: »Wo kommst du jetzt her mitten in der Nacht?« schlug ich mit der flachen Hand auf den Schaltertisch und sagte: Ich werde Probeaufnahmen machen! – Den Zettel mit dem Entschuldigungsschreiben des mercedesfahrenden Erfinders des proletarischen Films schob ich ihr gleich unten durch.

ANGELICA DOMRÖSE *aus: »Ich fang mich selbst ein«*

Ambivalenz der guten Noten

Als altsprachliches Gymnasium sah sich unsre Schule damals als elitäre und somit männliche Bildungsstätte, wo wir paar Mädchen gerade mal geduldet waren, und wo die ebenfalls praktisch ausschließlich männlichen Lehrer noch eine recht einflußreiche Rolle spielten für den Status der jeweiligen Schülerin. So konnte man sich auch als nicht anerkannt attraktives Mädchen durch die Anerkennung der Lehrer durchaus einen sicheren Platz im sozialen Gefüge erobern, während gute Noten bei einem attraktiven Mädchen schnell als Geschenk eines verblendeten Lehrers diskreditiert wurden. Hochkomplex, das alles, und man konnte nur froh sein, diese schwierigen Jahre bis zur Matura in Ruf und Leistung einigermaßen unbeschadet hinter sich zu bringen.

Aus: »Hauptsache heiraten«

Sprachschwierigkeiten

Die Diktion für Miteinanderschlafen war übrigens »es tun«, der diesbezügliche Wortschatz trotz Oswald Kolle noch generell sehr wolkig. »Körperliche Liebe« war noch gängig, »Liebesakt« und, sehr beliebt, »sich hingeben«; seltener, vor allem von Religionslehrern bevorzugt, war »beiwohnen«. »Vögeln« hatte ich noch nie gehört, das schmutzige Wort für miteinander schlafen war das andere, das ich heute noch kaum aussprechen kann, als so sehr tabuisiert habe ich es kennen gelernt. Vom Nachbarsbub, als Kind.
Außerdem war ich Klaus dankbar, daß er mich so überzeugend in das absolut Gräßliche dieses Wortes eingeweiht hat. Sonst wär's mir vielleicht so gegangen wie einer Freundin, die sich dessen nicht so bewußt war. Sondern es – anläßlich des Nitribittmordes 1957 und der daraus entbrannten, erstmals in Deutschland geradezu öffentlich geführten Diskussionen über Sex – in aller Unschuld aufgeschnappt und in ihren Wortschatz aufgenommen hat. Damit löste sie in der Klosterschule ein Erdbeben aus, wurde von der Obernonne als vom Teufel besessen bezichtigt und flog von der Schule.

Aus: »Hauptsache heiraten«

Rebellisch und modern: Rock 'n' Roll

89

Das erste Mal

Deren Ruf in Form einer dringlichen Einladung nach Düsseldorf nahm ich bei
nächster Gelegenheit an, bewunderte Lebensstil, Bungalow und Swimmingpool, trank mir
ordentlich – mit einer Ananasbowle, sehr lecker, und dem ersten Whisky meines
Lebens – Mut an und brachte die Sache beherzt und einigermaßen komfortabel hinter mich.
Das einzig Schlimme war der fürchterliche Kater am nächsten Tag, auch das zum
ersten Mal. Mir war so was von grauenhaft schlecht, daß es mir heute noch den Magen
umdreht, wenn ich dran denke. Mit solcherart Erfahrungen vielfältig gewappnet konnte ich
mich auf Manfred einlassen, den ich inzwischen kennen gelernt hatte, und der wirklich
ganz reizend war. Der aber leider nur eine Zweizimmerwohnung in München
bewohnte und einen VW fuhr, was mich in schnöder Verblendung den Lockungen von
Ulrichs Villa und Mercedes erliegen ließ.

Aus: »Hauptsache heiraten«

Italien!

Italien war Ende der fünfziger Jahre das Synonym für Adria und
Urlaub. Und folglich ist meine Tante mit meinem Bruder und
mir unter den Heerscharen deutscher und österreichischer
Touristen an die Adria gefahren.
Auf dem Markt von Riccione habe ich mir heimlich meinen
ersten Büstenhalter gekauft, massiv gefüttert und, wenn schon,
denn schon, rund abgesteppt, weil ich doch schon vierzehn war
und noch immer keinen Busen hatte, und unter das hinreißende
Betty-Barclay-Kleid mit Stufenrock und rosa-weißen Vichykaros
gehörte einfach Busen.

Aus: »Hauptsache heiraten«

Urlaubsstimmung

90

Comic-Hysterie

Mein Vater, ganz Studienrat, hatte uns in einem pädagogisch inszenierten Auftritt bereits deutlich gemacht, was mit etwaigen von ihm konfiszierten Comics passieren würde: Er zitierte uns in sein Zimmer, öffnete mit Schwung die Ofentür (den Ofen hatte er, Heizung hin oder her, als nostalgisches Relikt oder für solche Auftritte beibehalten), deutete in die züngelnde Brikettglut und sprach: »Hier hinein kommt in meinem Haus jedes von diesen Schundheftchen, das ich bei euch finden sollte!« und machte die Ofentür wieder zu. Deshalb rückte mein Bruder erst nach ausführlichen Verhaltensmaßregeln, wie ich zu verhindern hatte, daß mein Vater die Comics doch noch zu Gesicht bekäme, die neue Micky Maus / Akim / Tarzan … heraus. Ich steckte sie unter den Pullover und sauste aufs Klo, wo ich für längere Zeit sicher war. Micky Maus war mein absoluter Favorit, und als meine Mutter allmählich selber ihrem Witz erlag, wurde die Sache für uns einfacher. Zumindest zu Hause. In der Schule herrschte die absolute Comic-Hysterie. Comics waren unter Strafandrohung verboten, die Lehrer taten, als wäre der Untergang des Abendlandes durch die Sprechblasen-Kultur unabwendbar.

Aus: »Hauptsache heiraten«

Jella in München, vor dem Tennisspiel

Das machte Lehrer wie Eltern echt fertig

An die GIs hatte man sich ja inzwischen gewöhnt. Sie gehörten zum Stadtbild, hatten oft deutsche Frauen, wurden von ihrer Militärpolizei bestens in Schach gehalten und gaben eine Menge willkommenes Geld aus. Aber diese durch ihre ungebremste Lautstärke gehörschädigende »Negermusik«, die durch ihre Sprechblasensprache debilitätsfördernden Comics oder die durch ihre Enge die Fortpflanzungsorgane gefährdenden Bluejeans, das machte Lehrer wie Eltern echt fertig. Und jetzt wirbelte noch der Hula-Hoop-Reifen durch alle Pausenhöfe, Wohnzimmer und Schwimmbäder. Damit nicht genug, ging schon im Sommer das Gerücht, daß Elvis persönlich seinen Wehrdienst in Deutschland absolvieren sollte. Sämtliche Städte, die eine US-Kaserne ihr eigen nannten, hofften, beziehungsweise – je nach Sicht der Dinge – fürchteten, der Gott der Teenies würde seinen Seesack bei ihnen auspacken.

Aus: »Hauptsache heiraten«

Jeans-Kult

In der Turmstraße in Moabit gab es einen Laden, wo man original amerikanische Jeans bekommen konnte. Er war einer der wichtigsten Orte Westberlins. Mit einem anderen Mädchen aus meiner Klasse trampte ich ein paar Mal nach Moabit, um neue Jeans der Marke Lee oder Levis zu besorgen, die zu haben unerläßlich war. Wir hielten Autos an, bis jemand uns nach Moabit mitnahm. Probleme gab es damit nie. Die neuen Jeans nähte man sich ganz eng oder stieg damit in möglichst heißes Wasser in die Badewanne, oder beides. Am besten war es, wenn die Jeans so eng waren, daß man sie nur mit großer Mühe anziehen konnte, und wenn sie außerdem ein bißchen verwaschen aussahen. Einmal hatte ich ein paar Jeans perfekt hingekriegt. Am 17. Juni 1957, einem Feiertag, fuhr ich in meinen neuen Jeans zum Strandbad Wannsee. Ich brauchte etwa fünf Minuten, um die Jeans auszuziehen. Jemand hatte offenbar gesehen, wie toll sie waren. Während ich im Wasser war, wurden sie geklaut. Ich mußte im Badeanzug mit T-Shirt darüber in der S-Bahn nach Hause fahren.

SARAH HAFFNER *aus: »Eine andere Farbe«*

Marianne Koch in Bluejeans

Ich war sehr stolz, Kunst zu studieren, und trug fast jeden Tag eine große Pappmappe nach Hause und am nächsten Tag wieder in die Schule, egal ob ich etwas zu transportieren hatte oder nicht. Alle sollten sehen, daß sie es mit einer leibhaftigen Kunststudentin zu tun hatten.

SARAH HAFFNER *aus: »Eine andere Farbe«*

Schon wieder alles voller Juden

Es war wohl Ende 1955, als wir die Verfolgung der Juden im Dritten Reich durchnahmen. In unserem Geschichtsbuch stand darüber ein einziger Satz. Unsere Lehrerin machte eine Stunde darüber, in der sie nichts beschönigte. Am Ende der Stunde sagte eines der Mädchen: »Im Nordwestdeutschen Rundfunk ist schon wieder alles voller Juden.« Ich stand auf, verließ den Klassenraum, nahm mein Fahrrad und fuhr nach Hause. Zum ersten Mal in meinem Leben war ich direkt mit Antisemitismus konfrontiert worden. Zum ersten Mal wurde ich darauf gestoßen, daß ich nicht nur englisch war, wie ich mich damals empfand. Am nächsten Tag kam der Direktor, ein ehemaliger Nazi, und forderte mich auf, mich vor der Klasse für mein Herausgehen zu entschuldigen. Ich weigerte mich.

SARAH HAFFNER *aus: »Eine andere Farbe«*

Teenager-Idol

Jahrelang hat die Sängerin ihnen alles gegeben: Der Reindl und vielen anderen weiblichen Teenagern diese modische Kurzhaarfrisur, die so unkompliziert scheint und leicht mit ein paar Handgriffen zu richten ist. Dazu die richtige Kleidung, die immer »flott« ist, »praktisch« und »burschikos«, ohne viel Firlefanz, dennoch chic und zeitgemäß. Das sind Jeans oder Latzhosen, dazu ein Pulli oder eine Bluse, darüber ein Halstuch nach Western-Art. Oder ein kleines Kostüm, schwarz, mit weißer Bluse, und spitze Schuhe mit Pfennigabsatz, genau richtig für den Bummel mit Papa. Oder – ideal für jede Party – ein gepunktetes Plisseekleid, mit Rüschen am Saum und einem Petticoat darunter, die Arme frei und ein kleiner Ausschnitt, der mal ein Dekolleté werden will. 1958 hat die Karriere der Cornelia Froboess als Sängerin und Teenager-Idol begonnen. Sie ist gerade fünfzehn Jahre alt und sieht fast idealtypisch aus: Keine auffallende Schönheit, aber auch kein Mauerblümchen, ein Backfisch halt, ein Teenager, ein Mädchen

Conny Froboess und Peter Kraus –
Traumpaar des deutschen Films

auf dem Weg zur Frau, ein Kumpel, eine Freundin, eine reizende Tochter. Dazu scheint sie ganz natürlich (oder was auch immer man dafür hält), ist leidlich selbstbewußt und hat stets einen flotten Spruch auf den Lippen. Sie ist aber auch brav im richtigen Moment, von koketter Schüchternheit und bar jeglicher Erotik. Kurzum, Conny ist »keß«, ein Begriff, den man eigens für sie erfinden müßte, gäbe es ihn nicht schon längst.

ELMAR KRAUSHAAR *in: »Deutsche Kinder«*

Rot, Blau, Gelb, Grün, sind die Farben der Jugend

Es gibt für die Garderobe der Vierzehn- bis Siebzehnjährigen eine reizende Bezeichnung: Putten. Für Putten und in Puttengrößen werden besonders jugendlich wirkende Modelle entworfen und angefertigt. Doch Du und Deine Freundinnen, Ihr macht von diesem schönen Vorrecht wenig Gebrauch. Das ist töricht. Denn ebenso, wie eine ältere Frau durch überbetonte Jugendlichkeit der Kleidung ein peinliches Mißverhältnis zur Schau stellt, wirkt eine Fünfzehnjährige durch damenhafte Aufmachung nur komisch.

Leuchtende Farben, wie Rot, Blau, Gelb, Grün, sind die Farben der Jugend. Du und Deine Freundinnen, Ihr sollt sie jetzt tragen, später könnt Ihr es nicht mehr. Sie stehen jedem Mädchen gut, nur Rothaarige müssen Rot und alle Rottöne meiden. Lebhafte Farben sollte man höchstens in zwei Tönen kombinieren. Dabei mußt Du wissen, daß die Farbtönungen von Gelb, Grün, Rot und Blau außerordentlich vielfältig sind, und ebenso verschieden können ihre Wirkungen sein. Die Wahl der richtigen Nuance ist entscheidend, und nicht nur Teint und Haarfarbe, sondern auch Figur und – wie gesagt – das Alter muß berücksichtigt werden.

Aus: »Die Zaubertruhe. Almanach für junge Mädchen«

Sie sahen aus wie Elvis

Ich war unversehens zum Backfisch oder Teenager geworden. In Ulm machten die ersten Halbstarken von sich reden. Sie traten in Gruppen auf und gaben mit ihren Motorrädern an. Sie sahen alle irgendwie Elvis Presley ähnlich. Aber das war eine andere Welt. Meine Ulmer Tante ließ mir einen Trägerrock aus rot-grün-weißem Trachtenstoff nähen, dazu eine weiße Dirndlbluse. Mir kam das langsam kindisch vor. Ich genierte mich schrecklich, als ich in dieser Aufmachung zur ersten Tanzstunde ging. Die anderen Mädchen trugen schon seidene Strümpfe, besser gesagt Nylonstrümpfe.

Aus: »Weil du ein Mädchen bist«

Halbstarke

Gabriele mit ihrem Tanzstundenpartner

Hausball

Einmal richtete meine Tante für meinen Bruder und mich einen Hausball aus: mit Schallplattenmusik, kaltem Buffet und Bowle. Meine kleinen Kusinen hatten die große Diele dekoriert und sich ein Programm ausgedacht. Eine von ihnen führte irgendwelche Verrenkungen vor. Ich trug, glaube ich, das Kleid vom Abschlußball der Tanzstunde. Bei diesem Ball, zu dem auch meine Mutter hingehen mußte, trug ich als einzige dreiviertellang, alle anderen Mädchen hatten sich lange Kleider ausgesucht. Damit konnten sie bestimmt nicht Rock 'n' Roll tanzen! Zu dem Hausball jedenfalls durfte ich eine Freundin und einen Freund einladen (natürlich schriftlich). Hauptsache, sie waren aus guter Familie. Sie brachten einen Blumenstrauß mit und sagten »gnädige Frau«. Als weitere Gäste hatte meine Tante noch Kinder von ihren Bekannten eingeladen. Mein Bruder war der Conférencier, er sorgte für Stimmung. In der Schülerzeitung hat er über die Tanzstunde geschrieben: »Zu wünschen wäre es, wenn die Formen des ersten Kennenlernens (das heißt des Vorstellens) und das Auswählen des Partners wieder etwas formelleren Charakter annähmen und nicht einer rein äußerlichen Einschätzung und Verteilung gleichkämen.« Bei dem Hausball gab es auch einmal Damenwahl. Damenwahl war immer sehr aufregend. Ziemlich peinlich war es hingegen, dazusitzen und zu warten, ob mich vielleicht ein Junge zum Tanzen auffordern würde. Als letztes Lied wurde entweder »Auf Wiedersehn, auf Wiedersehn, bleib nicht so lange fort …« gespielt oder »Weißt du, wieviel Sternlein stehen?« Um halb elf war der Hausball zu Ende.

Aus: »Weil du ein Mädchen bist«

Ende der fünfziger Jahre wurde Kleidung zum
Symbol jugendlichen Protestes gegen die Vorschriften
von Eltern und Lehrern. Jeans und weite Jacken ver-
halfen den jungen Männern zum James-Dean-Look,
Mädchen trugen Röhrenhosen mit Schlabberpullis
und banden sich die Haare zum Pferdeschwanz.
Nicht wenige führten eine Art Doppelleben: morgens
mit züchtigem Faltenrock, Bluse und Strickjacke in
die Schule, nachmittags mit knallengen Hosen mit
Freunden auf die Vespa.

Der erste Kotau
meines Lebens

Es hätte an ein Wunder gegrenzt, blauäugig und mit blonden Zöpfen, als gute Schülerin und Junger Pionier ein nicht angepaßtes Mädchen zu werden. Ich gab der Verführung nach, durch artigen Liebreiz zu bestechen: Du merkst, man lobt und mag dich, wenn du freundlich knickst, bescheiden »Guten Tag« flüsterst und zum Geburtstag dein eingeübtes Sprüchlein aufsagst. Aber es gab da diese wenigen Momente, wo plötzlich etwas aufbrach, wo sich etwas Raum suchte, was auf Dauer nicht zu verschließen war – Eigensinn; Lust, die eingeübten Rituale zu durchbrechen und den Erwartungen nicht zu entsprechen. Staunend nahm ich wahr, wie sehr die Erwachsenen zu verunsichern waren, wenn ich, anstatt den Nachbarn das übliche Geburtstagsgedicht aufzusagen, im Ohrensessel Platz nahm und den erwartungsvollen Gesichtern ein stundenlanges Schweigen entgegenhielt. Die Verblüffung zeigte, in mir war ein Ich, das sie nicht kannten und das sich ungesteuert Bahn brach.

Der erste Schultag nach den großen Ferien versprach Pflicht und Verheißung zugleich. Morgens über die Brücke gehen »ins Leben«. Auf der rechten Seite, hinter den Trauerweiden das Haus, links der See mit den Schilfufern, ein Dampfer mit Kähnen flußabwärts, sie fuhren in die Ferne … Dann auf den Schulhof, zum Fahnenappell. Da wurde es eng. Reihen bilden, am Nebenmann ausrichten, Augen links, Augen rechts – kein Platz für Übermut; die Pionieruniform machte

uns zum Verwechseln ähnlich. Fahnen hissen, Lieder singen. Der Direktor stellte eine neue, junge Lehrerin vor, sie würde unsere 3. Klasse übernehmen. Im Klassenraum wieder still gestanden, doch in jenem Jahr noch nicht wie in den folgenden: »Zur Meldung«, sondern noch für ein »Guten Morgen«. Ich war fröhlich, neugierig, wie es mit der jungen Lehrerin sein würde, machte den Mund auf und wünschte einen … »Guten Abend«. – Einen kurzen Augenblick lang herrschte Schweigen; etwas Unerhörtes war geschehen. Die Verblüffung in ihrem Gesicht wich schnell aufgesetzter Strenge, doch für den Bruchteil einer Sekunde hatte es so ausgesehen, als ob sie lachen wollte. Dann aber rief sie all ihre gerade erworbenen Kenntnisse zur Erlangung von Autorität in Erinnerung, zitierte mich zum Direktor, der sich gebärdete, als hätte ich die Staatsmacht ins Wanken gebracht. Er verlangte eine förmliche Entschuldigung vor der Klasse – den ersten Kotau meines Lebens. Da ging eine mir Fremde nach vorn, nicht vor Scham für »die Tat«, sondern mit einem diffusen Gefühl von Unterwerfung und Ausgeliefert-Sein.

ANTJE TAFFELT

Antje im Rettungsring

Kerrin im Jahre 1956

Er ist jung, er hat Charisma, wir liegen ihm zu Füßen …

Der Geruch von Tang, von Kuhfladen auf Weiden, Fischkuttern im Hafen und der salzige Atem der friesischen Nordsee, das ist die Kindheit, die ich hinter mir lasse, als ich mit zwölf in der Kleinstadt im waldreichen Herzogtum Lauenburg an der Zonengrenze meine neue Klasse in der Gelehrtenschule betrete. Daß Jungen und Mädchen – die Hälfte davon Flüchtlingskinder – nebeneinander sitzen, ist für mich ungewohnt. Gymnasium und Abitur sind kein Thema. Beim Lesen von Erich Kästners »Fliegendem Klassenzimmer« denke ich, das sind wir. Ich mag meine Schule, meistens jedenfalls. Sie und meine Familie lassen meinem Eigensinn viel Spielraum. Am Wandertag rudern wir den Klassenlehrer auf dem See spazieren. In den Ferien singen wir im Zeltlager auf Sylt mit unserem Pastor a capella-Jazz in den Dünen, zelebrieren erstmals das Abendmahl nach der Konfirmation, machen Nachtwanderungen, haben »Zeltappell«. Ich abonniere die *Rasselbande*, die vermittelt Brieffreundschaften.

Es fällt mir schwer, die Vergangenheit, über die die Erwachsenen ständig reden, mit meiner Gegenwart in Beziehung zu bringen. Eines ist uns Teenagern aber wohl klar: Wir sind privilegiert, wir haben überlebt, die Katastrophe liegt hinter uns. Die Trümmer sind noch sichtbar, aber es ist Frieden. Fotos von Bergen-Belsen, dann die erste Fernsehserie über das Dritte Reich füllen und ergänzen die Erzählungen der Eltern mit Bildern. Ohne Wirkung bleiben sie nicht, denn als mein großer Bruder zum Militär eingezogen wird und in Uniform erscheint, heule ich. Der Geschichtslehrer drückt sich um das bißchen Zeitgeschichte, das auf dem Lehrplan steht. Ich kaue Nägel und hasse Dauerwellen. Mathe liegt mir nicht. Kein Wunder: »Perlen vor die Säue werfen«, sagt unser Mathelehrer über uns Mädchen. Meine Mutter möchte, daß ich Medizin studiere. Sie hat das nicht dürfen oder sollen, damals 1935, wurde stattdessen Lehrerin für Biologie und Mathematik, leitet jetzt eine Realschule. Ich denke, kommt Zeit, kommt Rat. In der Untersekunda bekommen wir einen neuen Deutsch- und Geschichtslehrer. Er ist jung, er hat Charisma, wir liegen ihm zu Füßen, gehen trotz Verbot mit ihm in Kneipen, trinken Bier, rauchen – und reden.

Wir reisen immer in der Gruppe, stets unter Aufsicht, ein bißchen Wandervogel, ein bißchen Hitlerjugend. Zum Kirchentag in der Laienspielgruppe, im Austausch nach England, ins Ferienlager nach Sylt. Das ändert sich, als ich in die Schülerzeitung einsteige. Der alte Chefredakteur macht Abitur und sucht einen Nachfolger. Sie heißt »Der Insulaner« – wegen der Insel, auf der die Schule liegt –, sie ist Mitglied in der »Jungen Presse Schleswig-Holstein«, einer richtigen Jugendorganisation mit einem Vorstand, Kassenwart, ganz wie es sich gehört. Ich fahre Bahn – allein – zu den Tagungen in Kiel, Itzehoe und Eutin, ich bin aufgeregt und fürchte immer, im falschen Zug zu sitzen. Wir nehmen uns sehr wichtig und reden diszipliniert. Die Jungen aus anderen Gymnasien können das besser, schneller und überzeugender als ich.

Trotzdem macht es höllisch Spaß. Wir Mädchen sind sehr in der Minderzahl, und müssen bei Werbeveranstaltungen der Bundeswehr unten bleiben, wenn die Jungen im Militärhubschrauber aufsteigen. Meine Mutter unterstützt meine freien Gehversuche mit Rat und Tat, und die Lehrer drücken ein Auge zu, wenn ich mich unerlaubt vom Unterricht entferne, um das Land auf Bundesebene zu vertreten. Die Schule wird nicht Nebensache, aber ihre Bedeutung relativiert sich angesichts des Horizontes, der sich mir auftut. Ich will mehr davon. Mit unserem Deutschlehrer fahren wir pflichtgemäß nach Berlin. Wir sind mit siebzehn nun fast erwachsen, er läßt uns laufen – durch die große Stadt, die noch nach Osten offen ist. Danach beginnt sich ein Gedanke festzusetzen: das ist es, dort will ich hin – nach Berlin. Ich studiere Geschichte (»Brotlose Kunst«), obwohl ich nicht Lehrerin werden will – deutsche Geschichte.

KERRIN GRÄFIN VON SCHWERIN

Schülerinnen in der Pionierrepublik am Werbellinsee

Marx
und May

Ich war wie ein Junge, bis sechzehn immer in Hosen und mit kurzen Haaren. Hab angefangen zu lesen, schon mit sieben, was ich fand, am liebsten Karl May. Wir lebten auf einer Insel im Teich. Da waren riesengroße Bäume, und oben hatten wir uns Stände gebaut, da saß ich und las stundenlang, bis die Sonne unterging. Unten hatten wir unsere Buden. In einer war eine Friedensecke, da wurden Zeitungsausschnitte und Leninbilder gesammelt. Wir haben gleichzeitig in unserer Zeit und mit Karl May gelebt. Wir waren im Gruppenrat und im Freundschaftsrat und bei den Indianern. Diese Jahre mit meinen größeren Brüdern waren sehr wichtig für mich. Es gab später nie das Problem, daß ich mich emanzipieren mußte.

KATJA *aus: »Guten Morgen, du Schöne«*

Thekla Carola

Ich werde
Schauspielerin

Ein halb verrosteter, geborgter Kinderwagen wurde angstvoll durch verdunkelte Berliner Straßen geschoben. In ihm lag meine Schwester Brigitte und wenn sie schrie, schrie sie leise, manchmal lachte sie zaghaft oder weinte lautlos, aber am liebsten machte sie die Augen zu, frühes Zeichen ihrer Klugheit.

Ein Jahr später änderte sich die Phonstärke aus dem noch hinfälliger gewordenen Wagen, denn nun lag ich drin. Bei dieser unterschiedlichen »Lauthalsigkeit« blieb es übrigens. Ich schrie trotzig gegen alles an, als ob mir der kleine Ausschnitt dieser Welt schon reichte. Was ich aus dieser Perspektive wohl empfunden haben mag? Ich finde es noch heute ungerecht, daß uns die menschliche Natur das Bewußtsein der Innenwelten unserer ersten Jahre vorenthält. Später – und da setzt meine erste Erinnerung ein – wunderte ich mich über die zerstörten Straßen, die kaputten Häuser und die Gesichter mit ihrem traurig-emsigen Ausdruck. Aber jede Ruine war ein willkommenes Versteck für unsere Kinderspiele, jede Kuhle im aufgerissenen Straßenpflaster ein Murmelloch für die

schönen bunten »Glasbucker«. – Da unsere Familie tendenziell nichts besaß, staunte ich über alles, was diese aus den Fugen geratene Zeit übriggelassen hatte. Mit dem Staunen hat alles angefangen, mit ihm wuchs die Phantasie, mit ihr das Träumen: Holzstücke mit gemalten Gesichtern und zu Zöpfen geflochtenen Wollfäden durchlebten ein seelenvolles Puppenleben. Meine Freundin Karin hatte schon bald einen Roller, ich »rollte« neben ihr, ein Fuß auf der Bordsteinkante, ein Fuß auf dem Damm. Und so bewegte ich mich zwar langsamer, aber auf eindringliche Weise der Welt meiner eigenen Imagination entgegen. Alles beobachtete ich neugierig, alles wollte ich entdecken. »Kleene, jeh jetzt nach Hause, deine Milch wird sauer!« so der freundlich-ruppige Rat, wenn ich mich mit der Milchkanne offenen Mundes neben fremde Leute stellte und ihnen einfach zuhörte. Der offene Mund ist mir übrigens bis heute erhalten geblieben, man sagt, es sähe unintelligent aus, dabei ist es doch nur Ausdruck des Staunens. Aus der Dürftigkeit unseres Alltags zauberte ich mit Verkleidung, Verwandlung, Spiel und Büchern eine eigene, reiche Welt. In unserer Wirklichkeit nahm die existentielle Not mit der Ankunft unserer kleinen Schwester Karola eher noch zu, spärlich ausgeglichen durch ihr grundfröhliches Naturell, mit dem sie uns bisweilen noch heute entzückt. Da der Ehrgeiz unseres patriarchalischen, allzu strengen Vaters trotz tiefster Armut darauf gerichtet war, uns eine humanistische Bildung angedeihen zu lassen, paukte ich verdrießlich-unverdrossen Latein und Griechisch. Aber in Wahrheit interessierten mich nur die theatralischen Aspekte der römischen Geschichte und die Dramatik der griechischen Tragödien. Denn längst wußte ich, was ich vor den Eltern verschwieg: Ich werde Schauspielerin. Und so sah ich mich mal als römische Vestalin oder Hetäre, mal als Klytemnestra oder Elektra. Ich konnte – der Not gehorchend und dem eigenen Triebe – recht gut lügen, doch irgendwann mußte ich mit der Wahrheit heraus. Mein Vater tat das Schlimmste, was er tun konnte, er verhöhnte mich. Von da an wuchs mein Wille ins Unermeßliche, und als ich mit einundzwan-

zig endlich volljährig war und seinen Verboten nicht mehr ausgesetzt, riß ich mir das Schwesternhäubchen vom Kopf, beendete das diakonische Jahr, das nach dem elterlichen Willen auf ein ernsthaftes Studium vorbereiten sollte, und stand schon auf der Bühne der Schauspielschule vor der Prüfungskommission. Alles, was ich staunend entdeckt, gegen Widerstände erkämpft und lange zurückgehalten hatte, brach jetzt aus mir heraus, mit glühendem Feuer:
»Mein Alles hängt, mein Leben, mein Geschick
an meiner Worte, meiner Tränen Kraft.«
Schiller, »Maria Stuart«

THEKLA CAROLA WIED

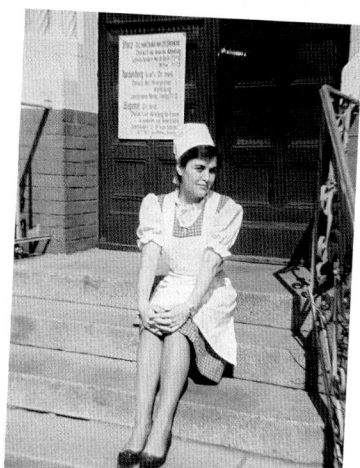

Thekla Carola mit
Schwesternhäubchen

13. August 1961

Ich stand morgens auf und fand meine Großmutter im Zimmer weinend vor dem Radioapparat sitzend. Ich wußte überhaupt nicht, was los war. Als sie mir erzählte, daß die Grenze zwischen Ost- und Westberlin geschlossen worden wäre, hat mich das bestürzt. Meine Großmutter lebte schließlich im Ostsektor, und ich hing sehr an ihr, weil sie mich als Kind immer betreut hat, da meine Mutter den ganzen Tag arbeitete. Wir fuhren mit dem Zug zurück nach Berlin. Als wir am Bahnhof Zoo in Westberlin ankamen, standen meine Eltern auf dem Bahnsteig. Ich habe geheult, wollte nicht aus dem Zug heraus, nicht von meiner Oma weg. Es gab eine Tragödie auf dem Bahnhof, wir weinten alle. Meine Großmutter stand im Zugabteil und sagte, sie hätte doch drüben ihre Wohnung, ihre ganzen Möbel, ihren Hausrat, das könnte sie nicht alles im Stich lassen. Wir haben damals eigentlich alle geglaubt, daß die Mauer nicht lange bestehen würde. Nach dem Passierscheinabkommen habe ich meine Oma dann wiedergesehen. Ich war inzwischen sechzehn, und ich werde nie vergessen, wie sie auf mein Klingeln die Wohnungstür öffnete und zu mir sagte: »Ja, bitte, was möchten Sie?« Sie hat mich nicht wiedererkannt.

Aus: »Reichstrümmerstadt. Leben in Berlin 1945–1961«

Zum Abschied küßte er uns beide

Nun ist alles vorbei. Nur das Foto ist geblieben und die Erinnerung. Mein braunsamtenes Konfirmationskleid hatte vorne 52 Samtknöpfchen, die sich ganz schwer knöpften. Am Hals schmückte mich Muttis schmale Goldbrosche. Ich trug am Konfirmationstag meinen ersten Büstenhalter, ausgestopft mit zwei großen Taschentüchern von Vati. Aber an diesem Tag wollte ich so erwachsen aussehen wie möglich. Denn der liebe Gott hatte meine Bittgebete erhört. Freunde meiner Eltern hatten ihr Kommen zugesagt, zusammen mit Sohn Ulli und Hund Hexe. Er kommt, er kommt, meine Vorfreude war grenzenlos. Hexe war die einzige Eingeweihte, denn niemand

Anne am Tag ihrer Konfirmation

durfte wissen, daß der berühmte Theaterschauspieler, der zehn Jahre älter war als ich und die schönsten Frauen der Welt haben konnte, ein kleines Landmädchen liebt. Hexe mußte in der Dämmerung regelmäßig Gassi gehen. Auf Ullis Pfiff sprang sie auf, und ich folgte wie ein Magnet Hund und Herrchen zum Tanz in den siebenten Himmel. Im Mondlicht küßten wir uns. In diesen nächtlich verhexten Umarmungen und Küssen und Flüsterworten legte ich den Schwur ab, niemals einen anderen Mann so zu lieben wie Ulli.

Zwei Jahre später kam ich ins Lettehaus nach Westberlin und wohnte im »Studienheim für studierende Damen«. Auch Ulli arbeitete inzwischen an einem Westberliner Theater und hatte Spaß daran, den »studierenden Damen« am runden Eßtisch Leseproben aus seiner Theaterarbeit zu geben. – Ich war es, die er besuchte, ich, die jüngste von allen Damen. Das machte mich beneidet, stark und unverletzlich. Immer dabei und aufmerksame Zuhörerin war auch meine beste Freundin Barbara. In den Sommerferien besuchte sie mich in Zeulenroda, und Ulli begleitete uns im Urlaub fast täglich mit Rilke- und Heine- und Goethe-Gedichten in den Thüringer Wald. Wir saßen zu seinen Füßen und lauschten den betörenden Worten. Zum Abschied küßte er uns beide. O arglose Seligkeit. Als Ulli wieder nach Berlin ging, mußte Barbara plötzlich abreisen. Bei unserem ersten Treffen nach den Ferien in Berlin erklärte sie mir kurz und bündig: Ich lebe jetzt mit Ulli, und er hat mir geschworen, daß zwischen euch niemals etwas war. Ich war fassungslos und außer mir und begriff gar nichts. Ein Todesstoß. Wozu all die Umarmungen, alle Lesungen und Gedichte. Was sollte das heißen, daß niemals etwas zwischen uns war. Gab es da noch ein anderes Etwas? Wovon sprach sie überhaupt?

ANNE RICHTER

Wenn ich an meinen künftigen Mann denke, kriege ich Komplexe, weil ich so unheimlich kritisch bin. Es muß einer sein, der mich anstachelt, damit ich nicht in diesen Trott hineinfalle. Gleichberechtigung auf jeden Fall. Manchmal hab' ich die Vorstellung, daß ich nicht treu sein werde, mich stößt zu schnell etwas ab. Da möchte ich mir die Freiheit bewahren, einen anderen Mann zu suchen. Es gibt doch viele Männer mit einem interessanten Charakter.

GUDRUN aus: »Guten Morgen, du Schöne«

Mädchen mit »eigenem Kopp«

In einer Arbeiterfamilie der Nachkriegszeit, der es kaum fürs Nötigste reichte, war ein kleines Mädchen mit einem »eigenen Kopp« und zwei linken Händen ein Wesen, mit dem man wenig anfangen konnte. Ungefähr als gewönne man eine chinesische Vase, wo man doch auf die Bratpfanne spekuliert hatte. Aber die Familie, besonders die Großmutter, war gut katholisch und wir wohnten auf dem Dorf in einem Häuschen mit Garten nahe am Rhein. Biblische Geschichten, schöne Kirchenlieder, die Liturgie der heiligen Messe, Blumen, Gemüse, Sträucher und Bäume, die rheinische Landschaft, die mit dem Großvater erkundet wurde – all das war schon da, als ich mit drei in den Kindergarten kam. Für die liebevolle Ordensschwester Aniana war ich nicht mehr »dat dolle Döppe«, der trotzige, freche Störenfried. Der »eigene Kopp« wurde nicht mehr bestraft. Aniana folgten verständnisvolle Lehrer. »Steh auf!« befahl mir der Lehrer, als andere Kinder, die nun weiterführende Schulen besuchen sollten, wie selbstverständlich aus der Bank traten. Zusammen mit dem Pastor überzeugte er die Eltern, mich wenigstens die Realschule besuchen zu lassen. Das Schulgeld von der Gemeinde besorgte er auch. Meine Banknachbarin, aus ähnlichen Verhältnissen wie ich und mit kaum schlechteren Noten, ließ der Lehrer sitzen. Nie vergesse ich ihren Blick aus Trauer und Neid, mit dem sie mich verabschiedete. Denn ein Abschied war es auch; wie jeder Aufbruch ein Abschied ist.

Steh auf! Das war der erste Schritt in die Freiheit der Entscheidung. Ich konnte wählen. Das ist das Wichtigste in der Kindheit: Chancen zu haben. Sich entfalten können. Menschen müssen da sein, die Kindern diese Möglichkeiten aufdecken und ihnen freundlich Mut machen, ihre Fähigkeiten zu erproben, zu zeigen, was in ihnen steckt. Nur in Freiheit kann ich den Weg wählen, der mir der beste scheint.

Doch man muß auch sagen dürfen: hier bleibe ich; ich will nicht weiter, weil ich nicht weiter kann. Kinder brauchen Hände, die sie tragen, auch Worte, die sie mahnen und ermutigen, aber keine ehrgeizigen Eltern, die sie zwingen! Auch ein anderes Mädchen trat damals mit mir aus der Bank, eine kaum mittelmäßige Schülerin, Tochter eines Prokuristen und einer Oberstudienrätin. Sie hatte sehr geschickte Hände und flocht mir aus meinen langen Haaren wunderschöne Frisuren; so gern hätte sie Friseurin gelernt. War meine Gefahr, das Leben in zu kleinen Schuhen zu verstolpern, so steckte man dieses Mädchen in zu große. Sie schaffte das Abitur schließlich doch nicht und landete, als die Eltern aus Standesdünkel auch noch die Verlobung mit einem Tischler hintertrieben, bei Bhagwan und Methadon.

Steh auf! Was ja nichts anderes heißt als: du kannst das! – Dieser magische Imperativ hat mich ein Leben lang begleitet. Später kam dann Schiller dazu mit seinem Evangelium der Freiheit, seinem Trotz alledem! Sich nicht von den Umständen unterkriegen lassen. Dreißig Jahre nach diesem ersten Steh auf! erhielt ich den Hölderlin-Preis. In der Begründung der Jury heißt es, meine Gedichte seien »zugleich eigenwillig und widerborstig«. Ausgezeichnet wurde ich also für genau das, was mir als Kind das Leben so schwer gemacht hatte, vielleicht weil es meinen Eltern Angst machte: mein Eigenwille, meine Widerständigkeit, der »eigene Kopp«.

ULLA HAHN

Ulla Hahn mit siebzehn Jahren

Schrill und unerzogen

1962 – 1988

Zeitblende

1962 Kuba-Krise • Spiegel-Affäre • 1963 US-Präsident John F. Kennedy ermordet • Die Schweiz tritt dem Europarat bei • 1964 Beginn des Vietnamkriegs • 1967 Tod eines Studenten bei Protesten gegen Schah-Besuch in Westberlin • Einzug des Farbfernsehers in Deutschland • 1968 Bürgerrechtskämpfer Martin L. King in den USA erschossen • Attentat auf Rudi Dutschke in Westberlin • Studentenunruhen in Paris • Einmarsch sowjetischer Truppen in Prag • 1969 Erster Mensch betritt den Mond • 1971 wird auch in der Schweiz endlich das Frauenstimmrecht angenommen • 1972 Terroranschlag auf das Olympische Dorf in München • 1975 Reform des Paragraphen 218 • Baader-Meinhof-Prozeß • 1976 Ausbürgerung Wolf Biermanns aus der DDR • 1976 Gleichstellung der Frau in der Ehe in Österreich • 1983 Die »Grünen« erstmals im deutschen Bundestag • 1986 Gorbatschow kündigt Perestroika in der UdSSR an

Sabine auf dem Mittelball ihrer Tanzschule, 1968

Man wird
sie nicht los

»Ich möchte wissen, wie es für dich gewesen ist, als ich geboren wurde, Mutter, warst du...«

»Als ob mir noch ein Leben dazugeschenkt worden wäre, so ungefähr...«

»Ich hab' dir aber nichts dazugeschenkt. Vom ersten Tag an war es mein Leben, meines, mein eigenes, mein Besitz, nicht deiner.«

»Nein, mein Besitz nicht, aber schon bei deiner Geburt: eine Hoffnung.«

»Ich möchte nicht mal deine Hoffnung sein, auch die bindet mich an dich, weißt du, Mutter, ich will mich frei machen.«

»Ich auch, Tochter. Manchmal wünsche ich meine mütterlichen Hoffnungen zum Teufel, man wird sie aber nicht los. Und wenn du sie später nötig hast...«

»Du sollst mich loslassen, endgültig abnabeln, jetzt bin ich erwachsen wie du, Mutter. Vielleicht später werden wir gemeinsam...«

»Du und ich? Glaubst du?«

GERTRUD WILKER *aus: »Frauen in der Schweiz«*

Ein traumhaftes
Kleid zum Abschlußball

Das Zauberwort hieß »Tanzstunde« und jeden Mittwoch nach dem anstrengenden Tag in der Apotheke hieß es: »Tango, und eins ... und zwei und Wie ... geschritt« und Polka. Die Jungen waren schon etwas größer geworden, sie rochen nach Kernseife und hatten die Haare mit »Briskin« nach hinten gekämmt. Manche hatten riesengroße Hände und abstehende Ohren, sie waren noch nicht ganz ausgewachsen. Schrecklich ungeschickt waren sie, so manches Mal traten sie einem auf die Füße. Man stand sich gegenüber, wen sollte man bloß als Tanzpartner nehmen? Bloß keinen Metzgers- oder Bauernsohn erwischen, die sind so langweilig und dumm, mit denen kann man sich ja gar nicht unterhalten. Und zum Abschlußball kaufte ich mir ein traumhaftes Kleid mit Silberpailletten, vollkommen aus Silberstoff, dazu weiße Schuhe. Mein Gott, war ich stolz darauf.

KARIN *aus: »Wenn du lächelst, bist du schöner!«*

Die schöne Carla auf dem Abschlußball, 1962

Die erste Boutique in der Schweiz

Meine erste Modenschau war ein voller Erfolg.
Wir sind mit Oldtimern von unserer Boutique,
die den bezeichnenden Namen »Snob« hatte,
mit den Models durch die Stadt gefahren.
So etwas hatte es in St. Gallen noch nicht gegeben.
Auf dem Photo trage ich ein Haarteil mit geraden
Haaren, denn meine eigenen sind ganz lockig.
Zu dem Hut und Kostüm, beides hatten wir in Paris
eingekauft, paßten die langen Haare viel besser.
Natürlich war es toll, daß wir immer ganz aktuell
und so schick angezogen waren – schließlich hatten
wir die erste Boutique in der Schweiz.

Uns blieb gar keine Zeit zu rebellieren

*Lily mit neunzehn Jahren
auf ihrer ersten Modenschau in St. Gallen*

Als ich zwölf Jahre alt war, beschloß meine Mutter, meinen Vater im Geschäft zu unterstützen. Da war meine verträumte Kinderzeit von einem Tag auf den andern vorbei: Die Veränderung machte mich traurig, ich habe meine Mutter vermißt, wie sie immer mit ihrer weißen Schürze in unserer großen Küche stand und immer Zeit hatte für uns. Plötzlich war die Wohnung leer, wenn ich nach der Schule nach Hause kam. Mit der Zeit gewöhnte ich mich daran und fand es dann auch interessant, mich nach der Schule im Geschäft aufzuhalten, statt in der leeren Wohnung Hausaufgaben zu machen. Ich hörte meiner Mutter beim Bedienen der Kunden zu, beobachtete die Kunden und unterhielt mich auch immer gut mit den Angestellten. Ich war ein neugieriges Kind, wollte wissen, wo all die schönen Gläser, das edle Geschirr herkamen und wie es gefertigt wurde.

Ich wurde ganz selbstverständlich auf die Handelsschule geschickt, denn wir Töchter sollten eine gute Ausbildung bekommen, damit wir schon bald ins Geschäft einsteigen konnten. So war dann auch meine erste Anstellung im elterlichen Geschäft in St. Gallen. Als ich neunzehn war, hat meine Mutter, die immer eine modebewußte Frau war, mit meiner Schwester und mir die erste Boutique der Schweiz eröffnet. Es waren die verrückten sechziger Jahre, und wir hatten eine tolle Zeit. Einkaufsreisen führten uns nach Paris, London und Mailand. Zum ersten Mal gab es Designer-Marken, und Einkäufer aus der ganzen Welt haben sich in den Mode-Metropolen zu den exaltierten Designer-Shows getroffen. Es war eine große Herausforderung für mich, so jung so viel Verantwortung zu tragen. Einmal hat mich der Chefredakteur einer großen Schweizer Zeitung gefragt, ob ich denn bei den Jugendunruhen wie meine Altersgenossen auf die Barrikaden gestiegen bin. – Uns blieb gar keine Zeit zu rebellieren.

LILY HONEGGER-SCHAAD

Ich bekam Pickel vor Neid

Die Eltern von Max besuchten schicke Fotoausstellungen, während meine Mutter immer noch mit mir in die Oper oder, noch schlimmer, in die Operetten gehen wollte, und Andreas flocht Camus in die Gespräche, während meine Eltern mir Stifter ans Herz legten. Ich meine, Stifter ist toll, nur zum Angeben war er halt ziemlich ungeeignet.

Aber etwas haben wir alle übersehen: Die Lilli, ein stromlinienförmiges Comicwesen aus der verpönten Bild, inspirierte Ruth Handler zu Barbie, der berühmtesten Puppe der Welt, die am 9. März 1959 in New York vorgestellt wurde. Wir hatten unsere eigene Lilli-Barbie, die unerreichbare Helga. Das allerschlimmste war, daß Helga eines üblen Tages im engen Rock auftauchte. Ein enger Rock mit weitem Männerpullover und Stöckelschuhen, das war das Nonplusultra an Schick, ich bekam Pickel vor Neid.

Aus: »Hauptsache heiraten«

Titelseite der Zeitschrift
Film und Frau, 1965

Adrienne im Kanalrohr auf
»ihrer« Baustelle

Meine erste Liebe – der Baggerfahrer

Bin ich nicht mein Leben lang eine Frau gewesen? War ich überhaupt jemals ein Mädchen? Stolz war ich auf meinen ersten Bikini, den bekam ich mit sechs oder sieben. Ich zog ihn sofort an und fühlte mich plötzlich erwachsen. Ich legte mich in den Vorgarten, wo mich alle sehen konnten, und zeigte meine Reize meiner ersten großen Liebe: einem Baggerfahrer, der vor dem Haus die Kanalrohre verlegte. Ich liebte diese Baustelle, und ich liebte ihn. Mit allen Schmerzen und Zweifeln. Und ich war stolz auf meinen Körper in dem blauen Bikini.

Ich sollte in diesem Sommer mit der Tante nach Italien fahren und machte mir natürlich Sorgen: was würde aus meiner Liebe werden. Angst hatte ich, er könnte mich vergessen und mich vor allem nicht vermissen. Ständig war ich auf dieser Baustelle und himmelte ihn an, und aus dem Urlaub schrieb ich ihm dann eine Postkarte mit einem Glitzerbild, einem glücklichen Brautpaar. »an den bagerfarer« war sie adressiert und an die Adresse meines Elternhauses hab' ich sie geschickt. Sie hat ihn nie erreicht.

Das war, mit sieben Jahren, meine erste Liebe, und ich fühlte mich als Frau. – Was heißt erwachsen sein? Ich weiß es bis heute nicht. Ich bin mit vielen Brüdern und einem dominanten Vater aufgewachsen. Männer empfand ich als anstrengend. Sie waren in der Mehrzahl, es galt stets, sich durchzusetzen – prügelnd, beißend, schreiend, weinend. Und dabei empfand ich mich immer als Frau, das war meine einzige Chance, gleichwertig zu sein. Ich mußte bei mir bleiben, ich bleiben um jeden Preis. Und wie ging das? Zum Beispiel, indem ich mir eine eigene Welt suchte, ein Spiel erfand, in dem ich mich finden konnte. Mein Spiegelspiel. – Wir hatten im Badezimmer einen rechteckigen, mit rosarotem Plastik umhüllten Standspiegel, etwas größer als eine Buchseite. Den hielt ich mir so unter die Nase, daß ich, wenn ich reinschaute, nichts als unsere Zimmerdecken vor Augen hatte. Auf diese Weise lief ich durch das Haus und mußte Türstürzen und Lampen ausweichen – eine andere Form der Blindheitserfahrung, ein Verstecken und mein Gang zum Ich. Ich liebte das, weil ich so ein absolutes Vertrauen zu mir bekam. Ich konnte mich auf mich verlassen, darauf, daß ich an Tische, Sofas und Stühle nicht anstieß, ihnen mühelos auswich, weil ich ihre Standorte kannte – und damit meine.

Zu wissen, daß ich nicht verloren gehen kann – das zweite, in dieser Hinsicht gravierende Erlebnis war ein Klassentreffen nach fünfundzwanzig Jahren. Es war eine unglaubliche Begegnung mit mir selbst. Alle erkannten mich, wenn nicht unmittelbar, dann an meiner Art zu gehen, an meiner Gestik, an meinem Lachen, an meiner vorlauten Klappe. Eben daran, wie ich bin. Nach fünfundzwanzig Jahren. Einer der glücklichsten Abende meines Lebens; ich erfuhr, daß es eine innere Beständigkeit gibt. – Eine Jasagerin war ich wohl nie, dennoch habe ich mich manchmal mit großem Unwohlsein angepaßt, habe mich möglicherweise sogar verraten. Und jedes Mal, wenn ich nicht »bei mir blieb«, ging es mir schlecht. Das ist heute noch so, in der Liebe, mit Freunden, im Beruf. Und wenn das geschieht, dann ziehe ich in Gedanken meinen blauen Bikini an, hole mir einen Handspiegel, halte ihn mir unter die Nase und denke an das Jahrgangstreffen und daran, daß nie etwas Gravierendes mit meinem Ich geschehen ist – weil ich mir letztlich treu bleiben konnte.

ADRIENNE SCHNEIDER

Sutton, 29. 7. 64

Gabriele (vorn, 3. v. l.) und die Abschlußklasse am Münchener Max-Josef-Stift, 1964

Ihr Lieben,

ich habe noch nichts von Euch gehört. Euer Brief scheint anscheinend noch in den Poststreik geraten zu sein. Gestern abend waren wir in der Dancing Hall. Es war unvorstellbar laut. Eine große Halle mit einer rot angestrahlten Tribüne und darauf vier Jungen, die mit schulterlangem Haar wie Mädchen ausschauten und kreischten, röchelten und schrien. Getanzt wurde nicht, wir standen nur vor der Tribüne und sahen zu. Es war wahnsinnig heiß und ungelüftet. Aber es hat mir trotz allem gut gefallen. Ich glaube, so etwas gibt es in Deutschland nicht, oder nicht in unseren Kreisen. Ich glaube aber, daß hier die Leute, die so sind wie wir, so etwas ganz normal finden. Gestern waren auch viele Oberschüler da, aber sie sahen alle sehr verwahrlost und etwas andersrum aus, durch die langen Haare. Ich war mit Dorén und Monique in dem Beatles Film. Er war sehr nett, wenn ich auch kein Wort verstanden habe. Die Beatles sind gegen das, was man auf der Straße sieht, Gold! Morgen werden wir etwas Seriöseres machen. Wir gehen zum Pferderennen in Epsom. Und abends im Fernsehen die Beatles, die mir wirklich ganz gut gefallen, denn Ihr könnt Euch gar nicht vorstellen, wie seriös und geradezu hervorragend sie gegen die anderen Gruppen, die einem hier so geboten werden, wirken. Außerdem habe ich Interviews mit ihnen gesehen, in denen sie intelligent und schlagfertig waren. Viele liebe Grüße und Küsse

Aus einem Brief Gabriele Kronenbergs aus London an ihre Eltern in München. Gabriele war damals achtzehn.

107

Mick Jagger – Traumboy

31. März. Vor der Westfalenhalle in Dortmund. Es ist halb sieben. Um acht erst soll das Konzert beginnen, das Konzert der Rolling Stones. Vor der Halle brodelt es wie in einem Hexenkessel. Die Uhr schlug dreimal, und dann, endlich, kamen sie! Der Saal kochte über. Aber sie nahmen ganz leise ihre Instrumente, Mick zog seine Carnaby-Jacke aus, was die ersten Schreie zur Folge hatte. Sein weißes Rüschenhemd kam zum Vorschein. Es begann mit »The last time«, »Get off of my cloud«, »Lady Jane«, »Paint it black« und viele andere folgten. Micks Hemd war aus der Hose gerutscht. Sekundenlang wurde sein Bauch sichtbar. Die Mädchen sprangen von den Stühlen. Die Bühne wurde gestürmt. Die Polizei trat in Aktion. Meine Reaktion war ganz anders, als ich sie mir je vorgestellt hatte. Ich verstehe es heute selbst nicht mehr. Ich saß wie angewurzelt auf meinem Stuhl und bekam keinen Ton heraus, während hinter mir die Mädchen auf den Stühlen standen und sich die Kehle wund schrien. Ich wollte mitsingen, wie es alle um mich taten, aber ich saß da stocksteif, preßte das Fernrohr vor meine Augen und beobachtete jede einzelne Bewegung von den Stones, von Mick. Er ist für mich der Traumboy.

GABRIELE *aus: »Heiß und kalt«*

Hoch toupiertes Haar, Zigarette und Hosen – 1964 an Gymnasien unerwünscht

Alles drehte sich um Boys und Beat

Ob einer Beatles- oder Stonesfan war, das sagte damals alles. Für mich keine Frage – mein Idol: Mick Jagger – wild, verkommen, sexy! Die geschockten Erzeuger waren ratlos.

Meine »wilden Jahre«: von 1963 bis 1967 im Internat, ein »Mädchenstift« auf dem Land. Die Eltern hatten Höhere-Tochter-Ambitionen und erhofften sich optimale Kontrolle. Daß ich nicht lache! Hier fing alles an: Aus der angepaßten Zehnjährigen mit schicker Innenrolle und Pepitakleidchen wurde binnen kurzer Zeit der ausgefranste abgewetzte Beatnik. Runter mit den Haaren, rein in Parka und Jeans (natürlich »die Echten« von Levis), die die älteren Schülerinnen ausrangiert hatten. »Nietenhosen« wurden

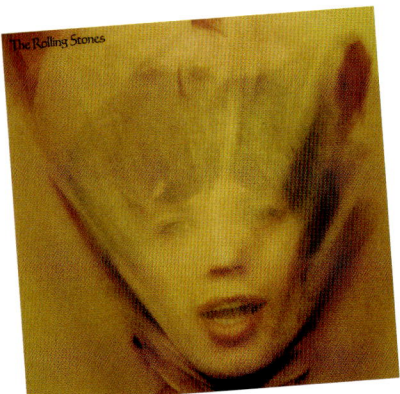

Rolling-Stones-LP, 1972

die damals noch genannt. »Und so was findet ihr schön? Das sind doch Arbeiterhosen!«

Sieben Griffe auf der Gitarre, für »Eve of destruction«, »Universal soldiers« und »House of the rising sun« hat's gelangt. Die *BRAVO* (streng verboten) horteten wir unter den Matratzen. Mittwoch nachmittags die »*BRAVO*-Hitparade« und jeden Abend »Hallo Twen« mit Manfred Sexauer. Geschwoft wurde jede freie Minute. Wir waren voll drauf. An Sommerabenden ging's – Arm in Arm mit der Freundin, Penatencreme auf den Lippen, Kofferradio untergeklemmt – ins Dorf: den Boys auflauern. Jedes Mal die gleiche nervenaufreibende Ungewißheit, ob Bübi, Heinzi oder Pedder aufkreuzen würden, sowie die Angst, von der Stiftsdomina entdeckt zu werden. Auf diese Boys stand Rausschmiß! Die waren echt »asozial«! Halbstarke! Verknallt war ich in Heinzi. Der konnte noch nicht mal mir und mich auseinanderhalten. Drei tolle Jahre! Alles drehte sich um Boys und Beat. Ein Schock, als meine Eltern mich von heute auf morgen nach Hause holten.

GABRIELE *aus: »Heiß und kalt«*

Wir verpaßten keinen Beatclub

Ende der sechziger Jahre leisteten sich die Eltern auch zu Hause einen Fernseher, und wir nutzten es weidlich aus, daß sie abends arbeiten mußten. Ab und zu machten sie allerdings Kontrollgänge – bis zu uns nach Haus war es nur ein Fußweg von fünf Minuten –, und wurden wir beim Fernsehen erwischt, setzte es Maulschellen. Trotzdem verpaßten wir möglichst keinen »Beatclub«. Wir verstanden keinen einzigen Text, Englisch wurde in unserer Schule nicht unterrichtet, aber die Musik ging dennoch in die Beine. Auch Französisch lernten wir nicht, und so übersetzten wir das gestöhnte »Je t'aime«, als es in Radio Luxemburg neu aufkam, mit »Tut weh«.

CLAUDIA *aus: »Wenn du lächelst, bist du schöner!«*

Kofferradio – jugendliches Statussymbol in den Sechzigern

Über Sexualität wurde nicht gesprochen

Ich habe auch nie gesehen, daß sich meine Eltern vor uns Kindern küßten oder umarmten. Die Geräusche aus dem Schlafzimmer konnte ich damals noch nicht deuten. Im Religionsunterricht wurden wir vor Unkeuschheit gewarnt, ohne daß wir wußten, was das eigentlich bedeuten sollte. Für unsere Aufklärung sorgten wir gegenseitig. Als ich vierzehn war, gab mir meine Mutter ein Aufklärungsheft für katholische Mädchen zu lesen. Aber da wußte ich das Wichtigste natürlich schon, zum Teil auch aus dem Biologieunterricht in der Schule. Eine *BRAVO* wie im Westen gab es bei uns nicht, auch wenn manchmal uralte zerlesene *BRAVOs* unter uns kursierten, die irgendjemand eingeschmuggelt hatte. Aber die Tageszeitung für die sozialistische Jugend, die *Junge Welt*, gab es. Einmal in der Woche erschien die Rubrik »Unter vier Augen« von Jutta Resch-Treuwerth, worin sexuelle Fragen besprochen wurden. An diesem Tag wurde die *Junge Welt* natürlich sehr aufmerksam von uns studiert. Ein monatlich erscheinendes Magazin war *Das neue Leben*, eine echte »Bückware«, die unter anderem auch solche Themen behandelte. Nur eben leider sehr schwer zu bekommen.

CLAUDIA *aus: »Wenn du lächelst, bist du schöner!«*

Eine erste Diskussion kam in Gang

Auf der Maturareise nach Berlin – damals für alle westdeutschen Oberprimen aus politischen Gründen obligatorisch – mischte sich ein anderer Ton in die aufgeheizte sexbezogene Gruppenfröhlichkeit: Zum Maturareisen-Grundprogramm gehörte ein Gang nach Plötzensee, die Jugendstrafanstalt in Charlottenburg, wo unter anderen die Widerstandskämpfer vom 20. Juli 1944 hingerichtet wurden. Da, angesichts der Fleischerhaken, an denen diese Männer aufgehängt wurden, streifte uns eine erste Ahnung von der Realität des Nationalsozialismus. Eine erste Diskussion kam in Gang, und zum ersten Mal bemühte sich ein Lehrer um eine Art Stellungnahme. Ich hörte auch zum ersten Mal von einem Erwachsenen, es sei richtig, daß die Verbrecher dieser Zeit vor Gericht müßten.

Aus: »Hauptsache heiraten«

Die Twen, erschienen von 1959 bis 1971, war Kultobjekt der Sechziger

Staatlicher Aufklärungsversuch

Ein neuer Direktor des Gymnasiums stellte sich tapfer der neuen Zeit und veranstaltete eine Art Aufklärungswoche. Da war viel Theorie und Ethik und Allgemeingültiges, und die Konklusion des Ganzen gipfelte in der Botschaft, daß Frauen von Natur und dem lieben Gott aus monogam (ein zu befruchtendes Ei), Männer polygam (viele, viele Spermien), die Frauen die Empfangenden, die Männer die Gebenden, die Frauen tapfer (erdulden alles und so), die Männer mutig (im Krieg und so) sind.

Aus: »Hauptsache heiraten«

Ich interessiere mich für alles und für nichts

Ist was Neues, bin ich Feuer und Flamme, aber ich knie mich in nichts hinein. Was mache ich eigentlich gern? Ich diskutiere gern. Ich lese gern. – Eigentlich fehlen uns die Wanderjahre. Nach der Schule müßte es eine Zeit geben, um Luft zu holen und alles kennen zu lernen. Es muß ja nicht ein ganzes Jahr sein, aber irgendeine Zeit braucht man, um freier zu werden. Die Schule engt furchtbar ein. Ich bin schon ziemlich vielseitig, aber die meisten haben nur die Schule und den Fernseher. Das finde ich ganz schlimm. Wie soll man denn später einmal wissen, was man will?

GUDRUN *aus: »Guten Morgen, du Schöne«*

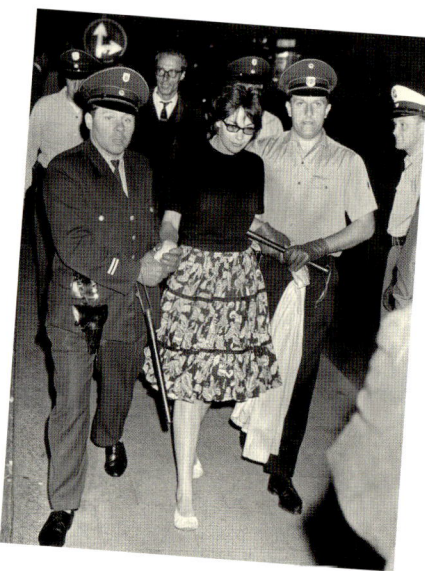

Im Juni 1962 kam es in München zu gewalttätigen Auseinandersetzungen zwischen Studenten und der Polizei wegen »nächtlicher Ansammlungen in Schwabing«

»In der Schule wurschtelte ich mich bis zum Abitur immer
gerade so durch, wobei ich in der Oberstufe annähernd so
viele Stunden im Café mit Gleichgesinnten und der
Lektüre von *Jasmin*, *BRAVO* oder *Twen*
zubrachte wie im Unterricht.«

MARIANNE *aus:* »*Wenn du lächelst, bist du schöner!*«

*Die BRAVO, seit 1956
erschienen, veröffentlichte 1963
ihre erste Aufklärungsserie
»Knigge für Verliebte«*

Das verstand ich nun gar nicht

Ich kriegte ein »Ehebüchlein« in die Hand gedrückt, das der Pastor meiner Mutter zur Hochzeit
geschenkt hatte. Die Menstruation wurde ungefähr so beschrieben: »Die Gebärmutter weint blutige
Tränen, weil sie kein Kindlein empfangen hat …« Das verstand ich nun gar nicht und war restlos verwirrt.
Mein Vater knurrte nur am Sonntagstisch: »Ab sofort hältst du dich von den Jungen fern. Frauen sind alle
nur Huren, und wenn du mit einem Kind nach Hause kommst, schlage ich dich windelweich.«
Blut, Tränen, Kinder? Wie hängt das alles zusammen? Zum Glück gab es bei meiner Tante Hedwig ein
medizinisches Lexikon aus der Jugendstilzeit, da stand alles das drin, was ich wissen mußte.

KARIN *aus:* »*Wenn du lächelst, bist du schöner!*«

Beatrix mit zwölf und
mit fünfzehn Jahren

Ein Puppenhaus

Mit dreizehn begann ich Widerstand zu leisten, wollte raus aus dem »Puppenhaus«, in das mein Vater mich und meine beiden größeren Schwestern so gerne einschließen wollte. Behütet von ihm, dem Patriarchen, und seiner gut aussehenden eleganten Frau, die ihm bis dahin eine perfekte Familie geboten hatte. Das Sagen hatte immer er, da wurde nichts gemeinsam besprochen oder erwogen. Entscheidungen traf er allein. Konflikten mit meinem Vater ging meine Mutter stets aus dem Weg, sie war immer die nette, verständige, attraktive Ehefrau. Und nie schien sie wütend zu sein. Irgendwann begann ich zu spüren, daß da was nicht stimmte. War ich anderer Meinung als er, gab es Zoff. Ich sehnte mich nach einer Welt, in der ich sein konnte, wie ich war, suchte nach Menschen, die mich akzeptierten. Ich ging nach draußen – trotz Stubenarrest, Taschengeldsperre und Schlägen. Es war das Jahr 1967, die Zeit der Studentenbewegung. In Göttingen, wo ich zu Hause war, gab es erste Wohngemeinschaften. Ich lernte Studenten kennen, die zusammen lebten, locker miteinander umgingen, witzig waren und vieles gemeinsam unternahmen. Sie organisierten Kunstfeste, Performances, und alle Männer und auch die Mädchen erschienen hierbei gleichberechtigt. Im Haushalt waren alle für alles gleichermaßen verantwortlich, Probleme wurden miteinander besprochen und gemeinsam geklärt. Mit meinen dreizehn Jahren wurde ich bald zu einer Art Mas-

kottchen in der Gruppe und nahm das mit Erstaunen wahr. Hier gab es noch eine ganz andere Welt, die mir ganz neue Perspektiven eröffnete. Von meinem Zuhause entfernte ich mich immer mehr, denn mit meinen eigenen Leuten konnte ich nichts mehr anfangen. Das ging natürlich nicht ohne Konflikte ab. Ich wohnte schließlich noch bei den Eltern. Es gab ständig Auseinandersetzungen. Den Versuch, mich zu verstehen, hat mein Vater allerdings nie unternommen. Vielmehr machte er nun meine bis dahin so untadelige Mutter verantwortlich für die mißratene Tochter. Ich wiederum warf ihr vor, daß sie kein Rückgrat hat, niemandem sagt, wie sie sich fühlt, was sie tatsächlich will. Die Situation eskalierte. Mit sechzehn kam es zwischen mir und meinem Vater zu einem großen Eklat – fortan hatten wir uns nichts mehr zu sagen. Im Grunde bin ich schon damals zur Waise geworden.

Meine Mutter hat übrigens einige Jahre später ebenfalls begonnen, sich gegen die Autorität ihres Mannes zur Wehr zu setzen, eigenes zu entdecken. Nach einer kleinen Erbschaft ging sie sogar allein auf Reisen. Irgendwie hat sie es dann doch ihren Töchtern noch nachgemacht – das Puppenhaus endgültig zerbrochen.

BEATRIX NEUMANN

Beatrix – noch daheim im Puppenhaus

Und das mit diesem Rock!

Einmal, da hat sich meine Mutter massiv eingemischt. Sie war ja von Beruf Schneiderin und nähte für uns ab und zu ziemlich scharfe Klamotten: Schlaghosen aus Pepitastoff oder einen ganz kurzen Rock mit Reißverschluß von oben nach unten. Den trug ich eines Tages im Erdkundeunterricht. Kinderheimsozialisiert wie ich war, saß ich meist recht flegelhaft in der Bank, und das mit diesem Rock! Jedenfalls hat sich unser Erdkundelehrer unglaublich aufgeregt und schickte mich ins Sekretariat. Ich war dreizehn und mir keiner Provokation bewußt. Unser Direktor putzte mich dermaßen herunter, daß ich heulte. Am nächsten Tag kam meine Mutter wutentbrannt in die Schule und machte allen klar, daß dieser Rock von ihr genäht worden sei, woraufhin eine große Ratlosigkeit ausbrach. Denn nun stand fest, daß die verehrte Genossin Inge Lange diesen unzüchtigen Rock auf ihrer eigenen Nähmaschine genäht hatte. Plötzlich war es nicht mehr möglich, mich noch weiter moralisch zu diffamieren.

KATJA LANGE-MÜLLER *aus: »Beim Kleinen Trompeter habe ich immer geweint«*

Revolution in der Mode: alles ist möglich — Mini und Maxi

Kampf um jeden Zentimeter überm Knie

Der Minirock brachte die bisherigen Moralvorstellungen ins Wanken. »Ich laß dich doch nicht als Flittchen herumlaufen«, hieß es, wenn der Rock mehr als eine Handbreit über dem Knie endete. Da meine Mutter selber nähte, stritten wir um jeden Zentimeter. Wenn ich wegging, mußte ich sagen, wohin und mit wem. Fürs Nachhausekommen gab es feste Zeiten und Hausarrest, wenn die nicht eingehalten wurden. Das Rumknutschen an der Haustür fiel meistens aus, weil meine Mutter oben am Fenster nach mir Ausschau hielt.

CLAUDIA *aus: »Wenn du lächelst, bist du schöner!«*

Stunden herrlichster Weltentrücktheit

Als ich mit zehn Jahren wegen einer Ohrenoperation einen ganzen Sommer lang hundsgemeines Schwimmbadverbot hatte, steigerte sich meine Leseleidenschaft zur Manie: In diesem Sommer las ich mich durch den halben Bestand der Leihbibliothek unseres Städtchens, der immerhin zwei ganze Räume füllte. Ganz klar, daß ich immer wieder zu meinen Lieblingsautorinnen und -autoren griff, die hießen damals z. B. Berte Bratt, Karl May oder Kurt Held. Diese Namen versprachen wunderbares Lesevergnügen, sie waren Garanten für Stunden herrlichster Weltentrücktheit – in denen man hoffentlich zu keiner Hausarbeit verpflichtet wurde.

Mit elf Jahren wurde ich zum ersten Mal Zeugin einer Autorenlesung: Ein eifriger Deutschlehrer hatte Josef Reding an unsere Schule geholt, und mit großen Augen glotzten wir den »echten Dichter« an, während er uns etwas vorlas, das wir nach wochenlangen Vorbereitungen längst auswendig kannten.

Wahnsinn: da saß ein veritabler Autor, ganz klar ein Wesen aus einer anderen Welt, zu der profane Sterbliche keinen Zutritt hatten.

So erschien es nur logisch, daß man diese Welt auch nicht auf direktem Weg erreichen konnte, Lehrstellen für angehende Schreiberlinge gab es nicht, und außerdem gab es da noch ganz profane Überlegungen: Wer kaufte denn so einen Text und machte ein Buch daraus? Wie lief das ab?

Bei mir führte die Liebe zur Literatur zunächst einmal zum Studium derselben mit Schwerpunkt Kinder- und Jugendliteratur, und anschließend zum Lehrberuf. Doch die GEW suchte nach Rezensentinnen für die jährliche BRD-Produktion an Kinder- und Jugendbüchern, und dazu hatte ich Lust, klinkte mich ein und irgendwann wurde meine erste Rezension gedruckt! Fasziniert starrte ich auf den kleinen Text, unter dem mein Name stand. Wow!

Und irgendwann kam eine Nacht, in der ich nicht einschlafen konnte, weil ich eine verrückte Idee hatte. Ich holte mir ein Schulheft und begann zu schreiben. Aus dem Manuskript wurde mein erster Jugendroman, ihm folgte bald ein zweiter, und ich übernahm begeistert Übersetzungsaufträge, denn das ist eine wunderbare Art, Deutsch schreiben zu lernen.

Nach einundzwanzig Jahren Lehrerei wagte ich dann den entscheidenden Schritt: Ich nahm beim fünften Kind zum ersten Mal Elternurlaub ohne Bezüge – Das ist jetzt fünfzehn Jahre und mehr als fünfzig Bücher her.

NINA SCHINDLER

Nina beim Hutkauf in Paris, 1965

Ilse und die Mädchen von den »Rag Dolls«

Tolle Sache:
Eine Mädchenband im Ruhrgebiet

Zum ersten Mal allein weit weg von zu Hause war ich 1967: eine Woche in London – mein Examensgeschenk. Dort pulsierte das Leben, in Clubs und auf der Straße, aber leider ist es mir nicht gelungen, den berühmtem Marquee-Club mit Livemusik zu finden.

Mit achtzehn schmiß ich den bis dahin sechs Jahre durchgehaltenen Klavierunterricht und bekam nach langem Hin und Her eine Gitarre geschenkt.

Vom ersten selbstverdienten Geld – eine Arbeitsstelle fand man damals sofort – kaufte ich mir die erste Jeans, machte den Führerschein und sparte für einen VW Käfer.

Im selben Jahr suchte in Duisburg eine Mädchenband eine Gitarristin. Ich spielte bei »The Rag Dolls« vor und war sofort engagiert. Wir Mädchen nähten unsere Auftrittsgarderobe selber, vom schwarzen Samtanzug bis zum Hippiegewand und Minikleid.

Für mich war endlich ein Schritt in die eigene Freiheit getan.

Die Eltern hatten keine Vorstellung davon, in welchen Kneipen wir manchmal gespielt haben, sie schauten ab und zu bei den Proben zu, waren aber nie in einem Konzert. Durch die Band bekam ich ein ganz neues Lebensgefühl, ich erfuhr eine bis dahin nie geahnte Unabhängigkeit vom Elternhaus und entwickelte ein starkes Selbstbewußtsein. Neben Bands, die nur aus Jungen bestanden, auf der Bühne zu stehen, war ein erhebendes Gefühl, und ich genoß diese zwei wunderbaren Jahre, bis sich die »Rag Dolls« auflösten.

ILSE JUNG

Gereist bin ich meist per Anhalter

Mir wurde bald klar, daß ich aus der Enge meines Elternhauses fliehen wollte. Dieses mühsame, immer von anderen diktierte Leben meiner Mutter sollte sich bei mir nicht wiederholen. Ich wollte auf die Schul', das Gymnasium. Und meine Mutter riet mir zu – ich sollte es besser haben als sie. Nicht zuletzt hatte ich dies wohl meinem Onkel Joseph aus Amerika zu verdanken, einem ihrer Brüder, der Priester geworden war. Er nahm sich meiner an, wurde für mich so etwas wie ein Mentor, war für mich die Pforte zur Welt, zur Freiheit. In den Sommerferien ging er mit mir auf Reisen, und er riet der Familie: »Schickt das Mädel auf die Schul'«. Nach der Rückkehr aus Frankreich, Spanien oder der Schweiz, nach den vielen Gesprächen mit Onkel Joseph kam mir die Welt daheim in Obernburg dann noch kleiner vor. Ich hielt es dort einfach nicht mehr aus. Seit 1963 war ich Fahrschülerin am Kronberg-Gymnasium in Aschaffenburg, nun aber erklärte ich meiner Mutter, daß ich dort hinziehen würde. Da war ich vierzehn. Geld bekam ich keines, und so schlug ich Zettel an: »Biete Nachhilfeunterricht oder Mithilfe im Haushalt gegen Zimmer zum Wohnen.« Das klappte. Meine erste Bleibe war ein Zimmer unterm Dach einer Bäckerei. Auf einer Kochplatte machte ich mir Tee oder Milch warm, der Kühlschrank war eine Kiste aus Styropor.

Die Schule war in dieser Zeit mehr als das Absolvieren eines vorgegebenen Lernpensums. Vor allem die Referendare aus der Studentenbewegung, die an unser Gymnasium kamen, konfrontierten uns mit bis dahin unbekannten Themen. Sie eröffneten neue Perspektiven, ich spürte, daß ein selbstbestimmtes Leben nicht nur Wunschtraum bleiben mußte. Ich engagierte mich in der SMV, der Schülermitverwaltung. Die revolutionäre Stimmung um 1968 riß auch uns Schülerinnen mit. So organisierten wir zum Beispiel in dem streng katholischen Aschaffenburg einen ersten ökumenischen Gottesdienst.

Gereist bin ich weiterhin, nun auch ohne Onkel. Meist per Anhalter. Übernachtet habe ich in Jugendherbergen. Mit fünfzehn fuhr ich zum ersten Mal allein nach Südfrankreich, ein halbes Jahr konnte ich zum Schüleraustausch in die Bretagne, und mit siebzehn arbeitete ich in den Ferien in einer Pariser Boutique. Das Reisen habe ich auch später nicht aufgegeben, nicht als ich zum Studium nach Berlin ging, und genauso heute nicht, wo meine beiden Kinder fast erwachsen sind und ich voll im Berufsleben stehe.

SERVATIA GESSNER-VAN KERSBERGEN

Mit sechzehn war Servatia zum Schüleraustausch in der Bretagne

Jugendweihe für das Abitur

Mein Bruder und ich waren getauft, gingen zur Christenlehre und wurden konfirmiert.
Der Pastor war ein Mann, der ruhig und gemessen sprach, interessante Bücher mit-
brachte, Kinderfeste und Spiele ließen uns Kinder sein, ohne Demagogie und
Berechnung, ganz im Unterschied dazu, wie ich die Pionierleiter erlebte. Nach Werten,
die in der Kirche gesetzt wurden, fing ich zunehmend an, auch die Pionierorganisation
zu beurteilen. Trotzdem hatte ich später Konfirmation und Jugendweihe. Daß ich
mich gleichzeitig zu Gott bekannte und zum Atheismus, hatte damit zu tun, daß man auf
die Erweiterte Oberschule nur mit Jugendweihe durfte.

ISOLDE *aus: »Beim Kleinen Trompeter habe ich immer geweint«*

Sabine, um 1965

Ausgeschlossen

Es gefiel mir wirklich gar nicht, zum regsamsten Teil der Klasse und zu den besten Schülern zu gehören, gleichzeitig aber von allen Ämtern ausgeschlossen zu sein. Das war natürlich ein geschickter
Schachzug der Pionierorganisation, auch sonst ganz außen vor zu lassen, wer nicht zu ihnen gehörte.
Vor Klassenversammlungen wurde jedes Mal darüber diskutiert, ob ich daran teilnehmen durfte oder
nicht. Wenn ich von Mitschülern für Funktionen vorgeschlagen wurde, mußte ich immer traurig
eingestehen, kein Pionier zu sein. Es lag mir immer viel daran, nicht ausgeschlossen zu sein.
Dafür mache ich bis heute unnötige Zugeständnisse.

ISOLDE *aus: »Beim Kleinen Trompeter habe ich immer geweint«*

117

*Silke mit einem
Hornveilchen*

Sieg über
Frau Pinkernell

Es war im Jahr der Einschulung. Ich war sechs Jahre alt und lernte schon in den ersten Wochen, wie wenig Interesse das sozialistische Schulsystem an nicht genormten Kindern hatte.

Ich zeichnete mit links. Und mußte mit Schock feststellen, wie ich dank meiner Lehrerin zur Außenseiterin gemacht wurde. Mit der linken Hand, in die mein stets klecksender Füller wie von Geisterhand wanderte, und die mir den Zorn meiner Lehrerin Frau Pinkernell einbrachte, habe ich meinen ersten Kampf gegen die Dumpfheit der Obrigkeit begonnen. Mit den Worten »bei mir hat noch jeder mit der rechten Hand schreiben gelernt« wurde der Kampf zwischen Frau Pinkernell und mir eröffnet! Ich mußte mich geschlagen geben, und irgendwie mit der rechten Hand schreiben lernen, aber tief in meinem Herzen wußte ich, daß ich mich dafür rächen würde. Es dauerte genau sechs Monate. Im Februar kam meine erste Chance. Frau Pinkernell, die neben Deutsch auch Heimatkunde unterrichtete, hielt uns einen Vortrag über die Frühblüher. Zu meiner großen Freude durfte ich die kleinen Blümchen, wie Schneeglöckchen, Märzenbecher und Krokus, mit »links« in das Aufgabenheft zeichnen und kritzelte mit »rechts« den Namen der Blume daneben. Als sie mit ihren Ausführungen bei den Buschwindröschen endete, kam meine Stunde!

Frau Pikernell erklärte, daß die Blume zwar unter Naturschutz stehe, aber nicht so wie viele ihrer anderen zarten Verwandten giftig sei.

Das war mein Einsatz! Ich sprang auf und schrie in den Unterricht: »Das ist nicht richtig!« Ich hätte auf den vielen Spaziergängen mit meinem Vater durch den Auenwald wohl sehr genau erfahren, daß diese Blume, die ich so sehr liebte, giftig sei!

Daraufhin lief meine Lehrerin rot an und gab mir meinen ersten und überhaupt einzigen Tadel in Disziplin. Voller Wut lief ich nach Haus.

Am Abend erzählte ich unter Tränen meinem Vater vom Geschehen in der Schule. Er tröstete mich, und wir schauten gemeinsam in meinem Lieblingsbuch »Pflanzen der Heimat« nach. Wir beschlossen, am nächsten Tag die Sache richtig zu stellen und meiner Lehrerin ihren Irrtum zu beweisen. In dieser Nacht konnte ich sehr schlecht schlafen. Vor lauter Aufregung war ich, was sonst nie geschah, eine der ersten Schülerinnen in der Schule. Ich legte gleich zu Beginn der Stunde das Buch »Pflanzen der Heimat« auf das Lehrerpult, in welches mein Vater einen kleinen Zettel für Frau Pinkernell gelegt hatte. Sie sah diesen und mich mit saurem Blick an. Unsere Fronten waren klar! Der Tadel wurde nicht zurückgenommen, aber ich wußte fortan, daß ich stärker war als meine von mir so gefürchtete Lehrerin.

SILKE WAGLER

Gegen die Feinen

Links saßen die Jungen, dazwischen meistens ich und meine Freundin, rechts saßen die anderen Mädchen. Links wurde gequatscht und rumgelümmelt, rechts saßen stockssteif die sogenannten guten Schülerinnen. Es gab in den Leistungen kaum ein Mittelfeld, die Jungen hatten durchgängig Vieren und Fünfen, die Mädchen Einsen und Zweien. Von den Mädchen haben später mehrere studiert, sind Doktorinnen und Lehrerinnen geworden. Ein Teil dieser Mädchen war nie kindlich, immer ernst und gesittet. Sie sahen schon mit acht, neun Jahren wie Erwachsene aus. Sicher auch aus kindlicher Opposition gegen sie habe ich damals einen Verein gegründet: GdF – Gegen die Feinen. Drei meiner Freundinnen gehörten dazu. Wir hatten selbstgebastelte Ausweise, benutzten eine Geheimschrift und waren auf Abenteuer in der Natur aus.

ISOLDE *aus: »Beim Kleinen Trompeter habe ich immer geweint«*

Viel wichtiger war es, ein passendes Tuch für die Haare zu beschaffen

Antje, um 1965

Mir ist, als hätte ich Jahre meiner Mädchenzeit vor der Frisierkommode verbracht, deren dreiteiliger Spiegel das Bild einer ganzen Mädchengeneration zurückwarf. Die Kommode gehörte so untrennbar zum elterlichen Schlafzimmer wie der dreitürige Kleiderschrank und die beiden Nachtschränkchen.

In frühen Kinderjahren glitzerte die mehrteilige Kristallglas-Garnitur auf dem Möbel in Augenhöhe. In den vom Mangel geprägten Zeiten standen sie wie stille Boten eines ersehnten Luxus' oder – für mich – wie der Beweis, daß es ein Leben als Prinzessin geben mußte. Nur die schmale Schale erfüllte einen praktischen Zweck, in ihr lagen Kamm und Bürste, die anderen zwei Behälter verbargen unter ihrem Deckel Gesichtspuder mit einer Quaste und den wenigen Schmuck meiner Mutter. In den Schubfächern der Kommode fanden sich die passenden Stoffreste für ein Prinzessinnenkleid und alte Spitzenhandschuhe. In den Spiegeln jener Frisierkommode war aller Mädchenträume Anfang. Staunend schaute ich mir in die Augen, versuchte hinter meine Stirn zu blicken und betrachtete meine Gestalt. Lange war das Spiegelbild, das ich warf, nicht klar erkennbar (dazu brauchte es etwa dreißig Jahre). Von Jahr zu Jahr mußte ich mehr Abstand zur Kommode nehmen, um mich zu erkennen, von Jahr zu Jahr rückte ich also vom Spiegel ab und kam mir doch gleichzeitig näher. Vielleicht war ich siebzehn oder achtzehn, da verbrachte ich Stunden vor dem Spiegel. Inzwischen hatte ich drei Meter von ihm entfernt am Kachelofen Halt gefunden. Schräg an ihn gelehnt, nahm ich eine Pose ein. Ich wollte aussehen wie die Mädchen auf den Photos aus dem Sibylle-Modeheft, photographiert im Berliner Studentenclub. Anmutig lehnten sie an Treppengeländern (wie ich am Kachelofen) oder führten (da war ich mir ganz sicher) anregende Gespräche. Ihre Haare hatten sie in der Mitte gescheitelt und zusammengebunden. Sie trugen (vermutlich) schwarze, lässige Pullover und lauschten den Jazzmusikern. Von da an war klar, so wollte ich werden. Um einen Studienplatz machte ich mir damals wenig Sorgen, viel wichtiger war es, ein passendes Tuch für die Haare zu beschaffen. Ich wußte im Vertiko meiner Großmutter ein schwarzes, wunderbar leichtes, durchsichtiges Perlontuch. Es kostete mich Wochen geschicktester Überzeugungsarbeit, bis mir meine Oma das Tuch (es war schließlich aus dem Westen!) für den Schülerball überließ. Wenige der in den Spiegel projizierten Mädchenträume hielten dem Leben jenseits der geheimen Schlafzimmerinszenierungen stand. Viele entpuppten sich als Trugbild.

ANTJE TAFFELT

119

Sehnsucht nach Liebe

Die meisten der heute elf- bis sechzehnjährigen Mädchen und Jungen wollen später als Mann und Frau so zusammenleben wie die meisten ihrer Eltern und Großeltern auch: in einer monogamen Zweierbeziehung – für die freilich der Trauschein weniger wichtig geworden ist. Denn jeder vierte fünfzehn- bis sechzehnjährige Junge und sogar jedes dritte Mädchen dieses Alters will später einmal nicht heiraten, sondern lediglich eine »eheähnliche Partnerschaft« eingehen. Das ergab eine Befragung von rund 2000 Schülerinnen und Schülern in Bremerhaven und Wolfsburg. »Moderne« Formen des Zusammenlebens scheinen für die heutige Jugend dagegen beinahe unvorstellbar zu sein: Mit ständig wechselnden Beziehungen oder mit einem festen Partner in einer Wohngemeinschaft will von den befragten sechzehnjährigen Mädchen kein einziges leben, und auch bei den gleichaltrigen Jungen sind es lediglich sieben Prozent.

Aus der Frankfurter Rundschau *vom 9. August 1975*

Im Jahr 1961 kam die erste Anti-Baby-Pille auf den deutschen Markt

Was sich im Herzen der Mädchen abspielt

Und was spielt sich in den Herzen der Mädchen ab, die von ihrem Freund ein Kind wollen? Es ist sehr wichtig, das einmal deutlicher zu sehen. Solche Mädchen haben nicht genug Selbstbewußtsein. Sie denken: Allein mit mir selber kann ich nicht genug erreichen. Sie fühlen sich schwach und ungerecht behandelt. Sie fragen sich: Womit kann ich durchdrücken, was ich gern erreichen möchte? Und nun setzen sie die Waffe der Natur ein: die Fruchtbarkeit.

So ein Mädchen meint: Dann bin ich kein schwaches Mädchen mehr, dann bin ich eine schwangere Frau. Und mit Kind im Bauch muß ich beachtet werden. Er hat mir ein Kind gemacht, nun muß er dafür einstehen! Ich schenke einem Kind das Leben, dann muß er für alle äußeren Dinge sorgen! Mit solchen Vorstellungen ist schon manches Mädchen in eine unsichere Situation geraten und steht dann nur auf ihrer biologischen Fähigkeit als Gebärerin.

Aus der Aufklärungsserie BRAVO vom 25. März 1976

Der lebenspraktische Unterricht für Mädchen weckt und pflegt den Sinn für Familienleben und Häuslichkeit […] Er entwickelt die Bereitschaft und die Fähigkeit zu helfen und zu pflegen. Auch das Bildungsgut der Physik und Chemie wird dem Lebenskreis der Mädchen entnommen. […] Der lebenspraktische Unterricht soll der Berufsfindung dienen und dem Mädchen die notwendigen Voraussetzungen geben, seine Aufgabe im Berufsleben zu erkennen, zu erfüllen und dabei frauliche Eigenart zu bewahren und sich im öffentlichen Leben zu bewähren.

Aus den Richtlinien und Stoffplänen für die Volksschule in Nordrhein-Westfalen

Unisex auf dem Spielzeugmarkt

Bei Legobaukästen war es noch ein gesicherter Erfahrungswert: fünfundneunzig Prozent der Eisenbahn- und Autokästen gingen an Jungen, fünfundachtzig Prozent der Kästen für Puppenmöbel an Mädchen, die als die traditionellen »Technikmuffel« gelten. Daß diese Rollenverteilung mehr durch die einkaufenden Erwachsenen geprägt wurde als durch die kindlichen Interessen, machte eine Aktion deutlich: Auf fast tausend Veranstaltungen mit dem Slogan »Technik ist schön« kamen Ende vergangenen Jahres Kinder zum Spiel mit Konstruktionskästen zusammen. Auszählungen aus fünfundvierzig Städten der Bundesrepublik zeigen: Fast dreißig Prozent der Technik-Bastler waren Mädchen.
Aus der Stuttgarter Zeitung *vom 7. Januar 1978*

Jugendstunde 1956/1957 in Dresden

Es war die Zeit, in der Mädchen sehr gefördert wurden

Die Lehrer haben mir vorgeschlagen, Mathematik zu studieren. Es war die Zeit, in der Mädchen sehr gefördert wurden in technisch-naturwissenschaftlichen, sogenannten frauenuntypischen Studienrichtungen. Mir kam das sehr entgegen, ich war in einer Mathematik-Spezialklasse. Es war ein Versuch. Überhaupt gehörte ich zu einem Jahrgang, mit dem viel ausprobiert wurde in der DDR. Ausprobiert wurde der Unterrichtstag in der Produktion, da haben wir das Feilen gelernt und das Stecker montieren. Aus heutiger Sicht ist das eine gute Sache gewesen, aber wir Schulkinder haben uns eigentlich verweigert, weil die Durchführung doch nicht so gut organisiert war. Ich kann mich noch an viele Stunden Feilen in einer großen Fabrikhalle erinnern, das hat mich eher abgeschreckt, so eine Arbeit später mal zu machen. Dann gab es auf dem Weg zum Abitur noch eine Facharbeiterausbildung, parallel zur Schule, das fand ich eigentlich sehr gut. Ich habe mit dem Abitur gleichzeitig den Facharbeiterbrief gehabt. Ich war technische Rechnerin, konnte also schon die damals sehr großen Computer programmieren.
CHRISTINE *aus: »Die stille Emanzipation. Frauen in der DDR«*

Meine erste Nacht im Hochbett

Auf ein ausgemachtes Klingelzeichen hin wurde geöffnet. Im Treppenhaus bunte Plakate. In einem Goldrahmen das Porträt Lenins. Geruch nach frisch gebackenem Brot. Die Hausgemeinschaft hatte sich im ersten Stock in der Küche um einen großen, runden Tisch versammelt. Auf dem blauen Wachstuch tönerne Teekannen, Mandarinenschalen, volle Aschenbecher, Kerzen, ein Sammelsurium von Tassen; auf der breiten Fensterbank hinter dem Tisch russischer Wein, Zyperngras, Basilikum und Dill.

»Schön hier«, flüsterte ich. Ein Bärtiger führte mit derber Stimme nachdrücklich einen Satz zu Ende, als wir die Küche betraten. Einige pfropften sich in ein gemustertes Sofa der zwanziger Jahre. Über ihnen an der Wand ein stark vergrößertes Repro von Rosa Luxemburg. Ich zog meinen Mantel aus, hängte ihn umständlich über eine Stuhllehne.

»Wir haben eure Anzeige gelesen und möchten bei euch wohnen!«, sagte Sue und warf die roten Haarzotteln zurück. Das wollten viele, und was wir denn politisch machten, fragte uns der Bärtige streng. Keine falsche Bewegung, dachte ich und brachte kein Wort heraus. »Mehr, als die Menschen bei uns in der Provinz verkraften«, antwortete Sue und schwang sich wie ein Cowboy auf einen der Holzstühle. Der Bärtige warf einen skeptischen Blick auf Sues Tätowierung am Handgelenk.

Aufstehen, ungenügend, setzen, hämmerte es in meinem Kopf. Eifrig trug ich mein Pensum vor. Arbeitskreise, Bürgerinitiative gegen den Bau einer Stadtautobahn, Strafverfahren wegen Graffiti und eine Hausdurchsuchung. Botti ließ seinen Kopf mit einer heftigen Bewegung nach vorne sinken, als wolle er das Lächeln aus dem Gesicht schütteln. Er müsse jetzt wegfahren, sagte er. Wir könnten in seinem Zimmer schlafen. Meine erste Nacht in einem Hochbett. Ein neues, höhlenartiges Gefühl von Geborgenheit. Einen halben Meter über mir die Zimmerdecke. Am nächsten Morgen nicht mal Zeit zum Frühstücken. Ihr hört von uns, hieß es zum Abschied.

Es war Mitte November, Sue stürzte in mein Zimmer. Ihre Augen leuchteten, und wie Rumpelstilzchen hüpfte sie von einem Bein aufs andere. »Mensch, stell dir vor, die nehmen uns. Wir können am Ersten einziehen.«

Aus: »Luftschlösser«

Vor dem Beatles-Konzert

Was macht man, wenn alles festgelegt ist: Geburt am
6. Dezember zum Heiligen St. Nikolaus und damit dann
eigentlich auch klar, daß man als Junge ersehnt wird? Man kommt
einfach drei Wochen zu früh, sorgt bei allen Beteiligten für
erheblichen Wirbel wegen Schieflage und wird einfach eine
Nikoline …

NIKOLINE KÄSTNER

Nikoline, photographiert von Stefan Moses

Manchmal erwische ich mich doch in der Rolle der »Hausfrau«,

wenn meine Eltern nicht da sind. Ich fange dann eher an zu kochen und zu waschen als mein Bruder, was mich sehr ärgert; aber meine Mutter hat eben mir erklärt, wie die Waschmaschine funktioniert. Oder wenn Freunde uns besuchen, fühle ich mich in einer Gastgeberrolle, koche Tee und backe auch mal. Mir ist das schon bewußt, und deshalb glaube ich, daß ich diesen Zwang überwinden kann, d.h. für mich das richtige Verhalten finde. Manchmal ist da ein innerer Konflikt in mir, denn bei manchen Freunden koche ich eben gerne etwas, da ich weiß, sie freuen sich und

wissen es zu schätzen. Aber dann denke ich, so 'ne Scheiße, jetzt gibst du wieder das typische Frauenbild ab, obwohl du es ablehnst und emanzipiert sein möchtest und als eine, die auf dem Weg zur Emanzipation ist, verstanden und akzeptiert werden willst. Kochste also, stehste so da; und wenn nicht, ist es dann nur Prinzipienreiterei?
Das lehnst du auch ab.

Aus: »Ein Mädchen ist fast so gut wie ein Junge«

123

Nach altbewährtem Muster

Auch in besetzten Häusern muß doch Hausarbeit gemacht werden, dachte ich und fragte in einem Gespräch mit einem vierzehnjährigen Punk aus einem solchen Haus danach, wer denn so bei ihnen einkauft, kocht und abwäscht [...] Natürlich sofort durchschaut, wurde mir die Antwort voller Empörung entgegengeschleudert: »Ihr wollt euch doch jetzt nur daran aufspulen, daß die Torten mehr abwaschen!! Jetzt, wo morgen der Atomkrieg ausbrechen kann!!!«

Aus: »Autonomie – aber wie! Mädchen Alltag Abenteuer«

Erste Schülerinnen-Zeitung erschienen

Virginia, »junge Frau« heißt die erste Schülerinnen-Zeitung in der Bundesrepublik, die »nur für und von uns Mädchen und jungen Frauen« sein soll. Die neun Schülerinnen der Frankfurter Carl-Schurz-Schule haben den Namen ihres Blattes mit Bedacht gewählt. »Solange du dich nicht bewegst, spürst du auch deine Ketten nicht«, steht neben dem Impressum der ersten Nummer der Zeitung. *Virginia* – spontan und ohne Hilfe von Lehrern oder Außenstehenden gegründet – könne ein Forum werden für die wachsende Zahl von Mädchengruppen an den Schulen in Frankfurt, meinen die siebzehn- und achtzehnjährigen Schülerinnen. Ihre Zielgruppe sind alle Schülerinnen, ob sie nun »Freaks, Punks oder Popper« seien.

»Am Gymnasium gilt offiziell die Gleichberechtigung zwischen Jungen und Mädchen«, sagt ein Mädchen, »aber wenn ich mich durchsetzen will, dann stoße ich auf Widerstand.« Viele Mädchen entdeckten auch kritisch und erschreckt die Situation der Eltern, wenn nämlich die Mutter zu sehr »kuscht« und der Vater sich aufs Befehlen verlegt. Die jungen Mädchen möchten herausfinden, was sie selber sein wollen, und nicht einfach den Erwartungen von Schule, Eltern und Jungen entsprechen. Die Möglichkeit für sie, über sich, ihre Sexualität und ihre Rolle als Frau nachzudenken, sind größer als früher: Mit vierzehn Jahren haben viele den »Kleinen Unterschied« gelesen, *Emma* und *Courage* sind beliebte Lektüre an den Schulen.
Aus dem Tagesspiegel *vom 26. April 1981*

Ich bin Tarzan!

Jörn spielen wir heute Mittag Tarzan?

Ich bin Tarzan..
~~und was bist du?~~ und was bist du?

Eva, geboren 1974,
war schon früh emanzipiert.
Per Handzettel lud sie die
Jungen zum Spielen ein.
Daß sie bestimmte, was und wie,
verstand sich von selbst.

Dreizehn- bis fünfzehnjährige Jugendliche sollten aus einer vorgegebenen Liste Eigenschaften aussuchen, die entweder nur oder hauptsächlich an Frauen oder Männern zu finden seien. Die Liste der Eigenschaften, die die Mädchen den Frauen zuordneten, entsprach bis auf zwei Eigenschaften genau den Erwartungen, die von den Erwachsenen und den Jungen an sie gestellt wurden. Die Mädchen fanden, daß Frauen zimperlich, gehorsam, verträumt, sparsam, kinderlieb, fleißig, ordnungsliebend, treu, selbständig und neugierig sind.
Im Gegensatz dazu ordneten die Jungen den Männern folgende Adjektive zu: aufgeschlossen für sexuelle Dinge, mutig, brutal, rechthaberisch, faul.
Dabei ist zu beachten, daß den Mädchen und Jungen der gleiche Katalog zur Auswahl stand!

Aus: »Koedukation – Jungenschule auch für Mädchen?«, 1986

Für 35 Mark an die Sportschule

Sechs Jahre war Dagmar Hase (sie holte u. a. 1992 Gold bei den Olympischen Spielen im 400 m Freistil) alt, als sie in der Kindertrainingsgruppe des TZ (Trainingszentrum) Thale mit dem regelmäßigen Schwimmen anfing. Ein entscheidender neuer Abschnitt ihres Lebens begann im September 1980. Sie kam an die Kinder- und Jugendsportschule (KJS) Halle. »Das war toll für mich. Ich wollte unbedingt dorthin. Die Auswahl erfolgte über die Wettkämpfe. Die zwölf Besten aus dem Bezirk hatten die Chance. Zuerst gab

es einige Schwierigkeiten, aber nach mehreren Anfragen hat es dann doch geklappt. Meine Eltern sind in Thale geblieben, und ich lebte nun im Internat in Halle. Die KJS war meine Schule – ich kam in die fünfte Klasse, war ja zehn Jahre alt – und meine Trainingsstätte. Sie hatte ausgedehnte Sportanlagen für Leichtathletik, Boxen und andere Sportarten und natürlich eine Schwimmhalle. Ich habe mich dort gleich wohl gefühlt, es hat mir Spaß gemacht. Nein, Heimweh hatte ich nie. Am Ende jeder Woche konnte ich ja nach Hause fahren. Ich war bis 1990 in der KJS. Meine Eltern zahlten 35 Mark im Monat für Unterkunft und Verpflegung. Ich hatte mich an dieses Leben gewöhnt, habe schließlich meine ganze Jugendzeit dort verbracht. Zwischendurch blieb immer noch ein bißchen Freizeit. Nur Schule und Training, das hat man uns nicht zugemutet. So ging ich eben dreizehn Jahre zur Schule, um mit der zehnten Klasse abzuschließen.«

Aus: »Die stille Emanzipation. Frauen in der DDR«

Olympiasiegerin Dagmar Hase

Ich besuche dich mal, wenn ich Rentner bin!

Einmal bin ich in ein Ferienlager in die DDR gefahren. Wir waren alle auf einem riesigen Waldgrundstück. Um den Wald war ein Zaun gezogen, der zu unserem Schutz sein sollte. An einer Stelle, die tief im Wald lag, gab es einen Geheimtreff, zu dem mich eine Freundin mitnahm. Auf unserer Seite waren Leute, die ich kannte, auf der anderen Seite waren Jugendliche aus der DDR. Zur Begrüßung reichten wir uns die Hände durch den Zaun. Ein Junge nahm meine Hände. Ich sah ihn an, er sah mich an. In mir strömte sofort dieses Glücksgefühl durch den ganzen Körper. Unsere Hände tasteten sich weiter, wir fingen an, uns langsam und zärtlich zu streicheln. Ohne daß wir darüber redeten, wußten wir, daß wir zusammen waren. Die Tage danach waren nur für uns. Jeden Tag schien die Sonne, wir trafen uns im Wald, machten Spaziergänge, fanden Lichtungen, in denen wir stundenlang im Gras lagen und zärtlich zueinander waren.

Als ich wieder nach Hause fahren mußte, kam er mit zum Bahnhof. Während der Zug schon anfuhr, hob er seine Hand und rief: »Ich besuche dich mal, wenn ich Rentner bin!« Dann fing ich an zu weinen.

SUSIE *aus: »Das Rowohlt Lesebuch für Mädchen«, 1984*

Erotisch total aufgeladen

Junge Frau posiert vor Kühlerhaube, 1968

In den oberen Klassen zeichnete sich immer mehr ab, daß es doch etliche Figuren gab, die sich für den ersten Koitus mehr interessierten als für irgendwelche Ulbricht ablösenden Honeckers.

KATJA LANGE-MÜLLER *aus: »Beim Kleinen Trompeter habe ich immer geweint«*

Keine Party ohne Pfeifchen

Sie kamen als völlig freie Menschen in dieses kleinkarierte, durchorganisierte Leben

Zum Ballett bin ich sehr gern gegangen. Unsere Gruppe gehörte zum Pionierensemble des Zentralhauses der Jungen Pioniere in Berlin. So bekam ich am Ende der siebenten Klasse die Gelegenheit, in die Pionierrepublik »Wilhelm Pieck« am Werbellinsee zu fahren. Dort gab es einen Durchgang nur für Kinder aus der DDR, sozusagen für die Pionierkader. Ich dagegen hatte das viel größere Privileg, am internationalen Lager teilzunehmen, dort, wo wirklich Kinder aus dreißig Ländern der Welt ihre Ferien verbrachten – aus den Ostblockstaaten, aus Mosambik, Angola, Italien, Frankreich, Belgien, Dänemark und auch aus der Bundesrepublik.

Es ist paradox, aber ausgerechnet in der Pionierrepublik habe ich zum ersten Mal eine kritische Sicht auf die DDR bekommen. Dort lernte ich nämlich meinen ersten Freund kennen: Alberto, einen Italiener. Irgendwie spürte ich, daß die italienischen Kinder anders waren. Sie kamen ja als völlig freie Menschen in dieses kleinkarierte, durchorganisierte Leben ohne Lebensfreude. Die hatten keine blöden Fahnenappelle und machten auch diesen ganzen Krimskrams nicht mit. Für mich erschlossen sich völlig neue Welten, ich war high die ganzen fünf Wochen lang.

CORINNA *aus: »Beim Kleinen Trompeter habe ich immer geweint«*

Mona

Sonntag, 9. August 1981, Heidelberg

Morgen ist der letzte Tag hier, als mein Zuhause. Na ja, wer weiß, ob ich nicht bald als geschlagener Hund wieder in mein Dorf zurückkehre. Heim zu Hof und Herd. Wenn man hier fortgeht, entdeckt man plötzlich Schönheiten in der Umgebung, die mir vorher nie aufgefallen waren. Sogar so ein bißchen kitschiges Heimatgefühl. Trotzdem habe ich Fernweh, Abenteuerlust und Tatendrang. Außerdem brauch ich etwas Realitätserfahrung und muß weg von dem warmen Schoß meiner Mutter. Inwieweit ich das Alleinsein bewältige, weiß ich noch nicht, aber auf einen Versuch kommt es an.
MONA HANSEN

Lieber Peter,

bei mir hat sich einiges getan. Ich hab' die Schule geschmissen in der elften Klasse und möchte gern auf eine Schauspielschule gehen. Ich war im Winter mit »meinem« Freund in Italien, und es wäre bald eine Katastrophe geworden. Ich war oft in Gedanken an unsere »Romanze« und hab dem armen Kerl die unmöglichsten Vorwürfe gemacht. Wie steht's mit Dir? Hast du auch gerade eine so genannte »feste« Beziehung? Ich bin jetzt also ein Versager im Sinne unserer Gesellschaft und ein bißchen stolz drauf. Mir ist die Entscheidung auf jeden Fall nicht leicht gefallen, und manchmal sehe ich auch keine Perspektive mehr, aber auch nur an schlechten Tagen. Ich habe eine Zeitlang gejobbt und als nächstes bewerbe ich mich an einer Schneiderschule, weil ich das Bedürfnis habe, was zu lernen, womit ich ganz konkret etwas anfangen kann. Im Augenblick lerne ich Schreibmaschine an der Volkshochschule, damit kann man immer gut einen Job kriegen. Im Augenblick geht mir Heidelberg ziemlich auf die Eier, ich habe das Gefühl, schon alle Leute zu kennen und kann mit den meisten nicht viel anfangen, außer zu saufen und zu kiffen – für 'ne Weile ganz schön, aber auf die Dauer ziemlich langweilig. Ich will deshalb jetzt unbedingt für ein paar Tage weg, dann jobben und länger weg, bevor ich mit der Schule anfange, weiter will ich nicht planen. Eigentlich wollte ich nach Amsterdam fahren, finde aber niemand, der Zeit und Geld hat. […]

Ciao, Mona
MONA HANSEN

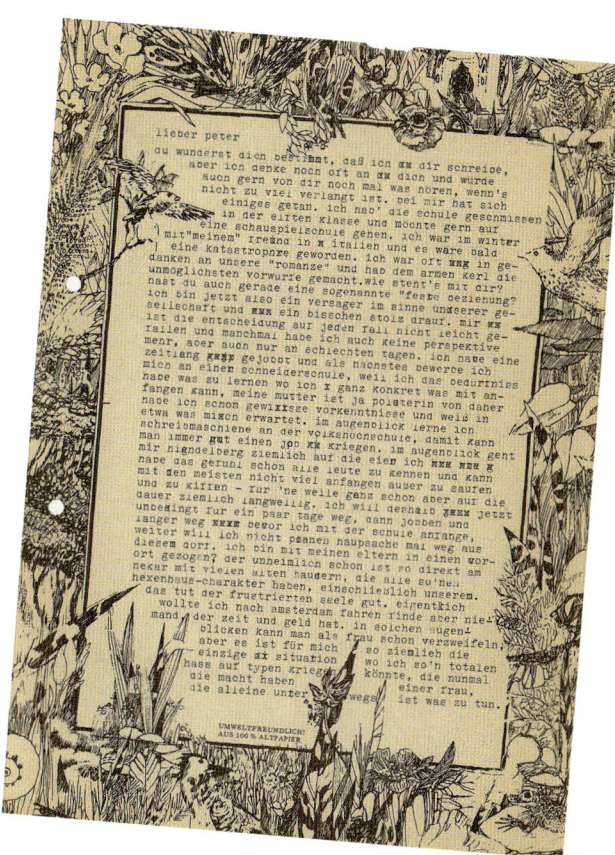

Unsere Generation

Ich bin eine von der Generation,
die nichts durchgemacht hat,
die sowieso nicht mitreden kann,
weil sie gar nicht weiß,
wie es ohne Luxus ist.

Ich bin die, die all diese Vorteile genießt,
ohne sie besonders zu würdigen;
die mit der perfekten beneidenswerten Mutter,
von der ihr nie etwas unbegründet verboten wurde.

Aber macht das denn nur glücklich?
Ich will Probleme haben, die ich alleine lösen muß,
auch wenn's im ersten Moment hart ist!

Ich bin ein undankbares Gör,
das nicht weiß, was es redet.
Eine, die den Luxus genießt,
aber dagegen ist.

Ich habe mir die Generation nicht ausgesucht,
in die ich geboren bin.
Ich bin bereit, auf Luxus verzichten zu lernen.

Kann ich das?
Praxis ist was anderes als Theorie!
Ich will's wenigstens versuchen!

MÄDCHEN, *sechzehn Jahre alt, in: »Das Rowohlt Lesebuch für Mädchen«, 1984*

Die Qual der Wahl

1989 — heute

Zeitblende

Massenflucht von DDR-Bürgern in den Westen • Erstarken der DDR-Bürgerrechtsbewegung • Fall der Mauer am 9. November 1989 • Einheit Deutschlands am 3. Oktober 1990 • Auflösung der Sowjetunion 1991 • Zerfall Jugoslawiens, begleitet von Kriegen • Aus der Europäischen Gemeinschaft wird 1992 die Europäische Union • 1995 tritt Österreich der EU bei • 1998 löst Gerhard Schröder (SPD) Bundeskanzler Helmut Kohl (CDU) ab • 1999 tritt die Währungsunion in Kraft, elf EU-Länder führen bis 2002 den Euro ein • Terrorangriff auf das World Trade Center in New York am 11. September 2001 • EU-Erweiterung auf 25 Staaten • 2005 der neue Papst: Benedikt XVI. • Im November 2005 wird Angela Merkel (CDU) zur ersten Kanzlerin der Bundesrepublik Deutschland gewählt • In allen deutschsprachigen Ländern tritt die Frage nach einer Verbesserung von Schulbildung und Kinderbetreuung in den Vordergrund • In Deutschland, Österreich und der Schweiz werden weniger als 7 Prozent der Lehrstühle von Frauen besetzt und in keinem deutschen DAX-Unternehmen findet man eine Frau im Vorstand

Aber sonst wurde einfach
auf ein anderes Schulsystem umgestiegen

Wenn ich an meine Schulzeit in der DDR denke, erinnere ich mich vor allem an die Wendezeit, als die Lehrer sehr verunsichert waren. Besonders im Oktober 1989, als man hier die Züge mit den Flüchtlingen aus den Botschaften durch den Bahnhof fahren ließ und die Lehrer verdonnert wurden, dafür zu sorgen, daß keiner der Schüler am Bahnhof auftauchte. Meine Eltern hatten es mir auch untersagt. Aber wenn ich mit der Straßenbahn gefahren bin, habe ich doch einiges gesehen. Polizisten mit Schlagstöcken und Wasserwerfern, die den Bahnhof verteidigten. Das hat mich schockiert. Diese Bilder von einer übermächtigen Polizei, den Brutalitäten, die sitzen noch heute tief. Wir hatten bis dahin in einer ziemlich heilen Welt gelebt. Ich jedenfalls, weil ich vorher nicht viel von solchen Dingen mitbekommen habe.

Ich war bei der Jungen Gemeinde innerhalb der Evangelischen Kirche. Wir haben dort viel diskutiert, aber mehr zur Selbstverständigung. Tenor: DDR – wie weiter? Aber trotzdem Sozialismus. Das hatte sich dann bald erledigt. Zu dem, was gerade an Historischem geschah, haben sich viele Lehrer überhaupt nicht geäußert. Entweder wollten sie nicht, oder sie konnten es nicht. Im Geschichtsunterricht ging es eben dann nur noch um die alten Griechen. Es sind damals auch einige Lehrer gegangen, die Parteisekretäre waren oder Staatsbürgerkunde unterrichtet hatten. Aber sonst wurde einfach auf ein anderes Schulsystem umgestiegen.

UTA *aus: »Generation Ost«*

Demonstration am
4. November 1989 in Ostberlin

9. November 1989, Tag des
Mauerfalls; am Grenzübergang
Bornholmer Brücke in Berlin

Ich wollte
nur noch weg

Eigentlich sollte ich das Gymnasium besuchen. Angemeldet war ich schon, aber ich hatte keine Lust. Ich bin zum Arbeitsamt gegangen und habe mich erkundigt, wie es mit einer Lehre aussieht. Rechtsanwalts- und Notargehilfin können Sie lernen, hieß es, im Westen, in Hannover. Ich habe darüber nicht weiter nachgedacht, mich beworben und die Lehre auch sofort bekommen. Meine Mutter wollte den Lehrvertrag nicht unterschreiben. Sie sagte, sie wolle nicht, daß ich ganz allein in eine große Stadt ziehe. Sie fürchtete wohl, daß ich mit irgendwelchen Drogen in Kontakt kommen könnte. Da habe ich den Lehrvertrag allein unterschrieben. Ich wollte einfach weg, eine eigene Bude haben und ganz fremd irgendwo sein. Damals war ich sechzehn. Ich lebte drei Jahre in Hannover, wohnte in einer kleinen Wohnung im Souterrain eines Einfamilienhauses und hatte eine super Vermieterin, mütterlich und cool zugleich. Es war der bisher wichtigste Abschnitt in meinem Leben, weil ich viel gelernt habe in dieser Zeit.

INES *aus: »Generation Ost«*

Manchmal würde ich schon gern wissen,

was aus mir geworden wäre, hätte die DDR sich nicht verabschiedet. Ob ich in die Partei eingetreten wäre? Kann schon sein. Ich war ja auch in der FDJ aktiv. Ärztin wäre ich aber auf jeden Fall geworden, das wollte ich schon immer, seit ich denken kann. Mein Jahrgang war der letzte, der nach zwölf Klassen das Abitur machte, und ich hatte manchmal das Gefühl, daß eine Art Trennwand zwischen uns und den Jüngeren stand. Vielleicht waren wir tatsächlich der letzte Schuljahrgang, der noch mit der DDR verbunden war. Die Klassen nach uns waren schon west-orientierter. Ich bin jedenfalls froh, daß ich im Osten aufgewachsen bin. Dadurch weiß ich, daß es noch andere Dinge gibt, nicht bloß Karriere und Egoismus, eine andere Lebensauffassung eben. Und die hatten wir nicht etwa, weil wir eine Kellergemeinschaft waren, weil wir nicht ausreisen durften. Kann schon sein, daß ich da einiges romantisiere. Was am Osten anders war, kann ich sowieso nur schwer beschreiben. Das war einfach eine andere Sorte Mensch.

CHRISTIANE PAUL *aus: »Generation Ost«*

Christiane Paul,
Schauspielerin und Ärztin

Nicht dieses
Graue und Triste
wie in der DDR

Mit Kerzen und Plakaten brachten die Menschen
ihren Protest gegen die DDR-Führung zum Ausdruck

Was mich am meisten beeindruckt hat, war die Wende und die Zeit davor. Da hat mein Vater mich auch schon allein zu den Treffen gehen lassen. Das war ein so tolles Gefühl, der Domplatz war voller Menschen, die sich Luft machen wollten und sagten: So geht es nicht weiter. Auch an die Lichterketten erinnere ich mich, wie die Menschen über die Krämerbrücke und die Marktstraße gingen. Was da abends los war! Das hat sich von Tag zu Tag gesteigert. Erst waren die Treffen nur wöchentlich, dann jeden Tag. Es wurden immer mehr, die auf die Straße gingen, mit Plakaten und mit Kerzen in der Hand.

Als die Mauer fiel, saß unsere ganze Familie vor dem Fernseher. Es war Wahnsinn! Mein Vater hat geheult. Wir waren so aufgewühlt, daß wir uns alle in die Arme gefallen sind. Dann haben wir die Fenster aufgerissen und die Musik aufgedreht. Mein Bruder ist gleich am nächsten Tag zu meinem Opa nach Braunschweig gefahren. Wir sind ein paar Tage später gefahren. Da habe ich auf der westlichen Seite das erste Mal gesehen, wie einfach es sein kann, eine Grenze zu haben: ein Pfahl, sonst nichts. Dann der Westen, die vielen Werbeschilder, wie das eben bei uns jetzt auch ist, die Häuser bunt angestrichen, die Menschen freundlich, in bunterer Kleidung, nicht dieses Graue und Triste wie in der DDR.

SANDRA *aus: »Generation Ost«*

133

Am liebsten würde ich nach Venedig ziehen

Paulina

Wenn ich abends im Bett liege und nicht einschlafen kann, denke ich manchmal über mein zukünftiges Leben nach. Als erstes will ich im Abitur mit 1,0 abschneiden, ohne dafür zu lernen. Zum Studieren möchte ich nach Rom, Paris oder Madrid, am liebsten aber nach Venedig ziehen. Dort würde ich den ganzen Tag mit meinem kleinen Boot, »Due cappuccini«, die Kanäle entlang fahren und mir sonderbare Leute angucken. Nach dem Studium bleibe ich in der Stadt und spiele in einem kleinen Theater. Natürlich würde ich mich freuen, wenn mich jemand als Schauspielerin entdeckt, aber das finde ich nicht sonderlich wichtig. Meine Wohnung ist in einem mit Efeu bewachsenen Haus. Nach ungefähr acht Jahren am Theater werde ich mich mit meinem Mann, der aussehen soll wie die Fußballer Odonkor oder Henry, dorthin zurückziehen. Ich bekomme ein Kind und adoptiere eins aus Indien. In unserm Haus machen wir ein kleines Straßencafé auf. Die Spezialitäten des Hauses sind Nudeln und Mousse au Chocolat.

Aber natürlich kann alles ganz anders kommen und ich werde Zahnarzthelferin. – Hoffentlich nicht.

PAULINA FRIED

Endlich achtzehn!

Zumindest im Geiste fühle ich mich so. Jetzt sind es nur noch gut vier Wochen, bis sich mir eine Tür in eine ganz neue Welt öffnet …

Obwohl, gibt es wirklich so viele Veränderungen? Werde ich morgens aufwachen und feststellen, daß ich die Lösungen für all meine Probleme und Antworten auf all meine Fragen gefunden habe? Unwahrscheinlich! Doch wenden wir uns den schönen Dingen des magischen Alters von achtzehn Jahren zu: Man darf so lange weg bleiben, wie man will, Alkohol trinken und Auto fahren (natürlich sollte man dies nicht miteinander verbinden). Außerdem bleibt man nicht mehr an Türstehern kleben oder wird des Kinos verwiesen, weil man unerlaubt in einen Erwachsenen-Film gehen wollte. Doch die Realität sieht anders aus: Meine Wochenplanung wird genauso aussehen wie jetzt auch: Montag bis Freitag Schule, wobei ich Dienstag, Donnerstag und Freitag arbeiten gehe und montags und mittwochs zu meinem Pferd fahre. Am Wochenende könnte ich nun abends in die Disco gehen, wenn ich nicht am nächsten Tag zu meinem Pferd gehen würde. Die offensichtlich positiven Aspekte des Erwachsenseins erscheinen mir als Mogelpackung! Was mir an Erwartungen an mein Leben als Achtzehnjährige bleiben wird, ist, daß ich hoffentlich mit der Zeit reifer werde, wobei es mir im Moment wie Pippi Langstrumpf geht, die Pillen gegen das Erwachsenwerden geschluckt hat. Aber das ist natürlich auch keine Lösung.

So blicke ich voller Furcht und Vorfreude (das eine schließt das andere ja nicht aus) meinem 18. Geburtstag entgegen und hoffe, daß der Mythos hält, was er verspricht!

NINA FINKEN

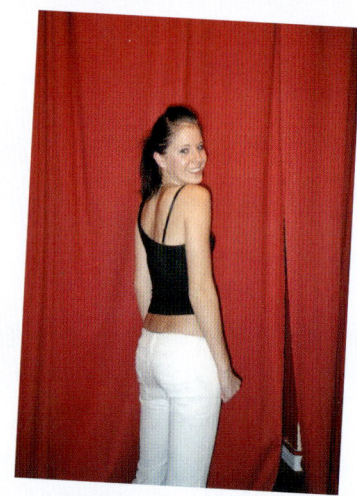

Nina

Suche toleranten Mann…

Möchtest Du eine Familie und Kinder haben?
Sicher erst mit Ende 20 oder Anfang 30, damit
zwischen Studium und Familienleben noch etwas
Freiraum bleibt. Ich will aber auf keinen Fall zu
sehr eingeengt werden. Ich hoffe, ich werde einen
toleranten Mann finden.

*Möchtest Du gleichzeitig eine Familie haben und einen Beruf
ausüben?*
Mmh, die Vorstellung ist zwar irgendwie verlockend,
aber sie klingt auch furchtbar stressig. Wenn sich die
Familie gut mit einem Job vereinbaren läßt und vor
allem nicht zu kurz käme, wäre das auf jeden Fall
eine Option für mich. Im Moment hab' ich allerdings
mehr die Karriere im Kopf. Allerdings könnte sich
das in den nächsten zehn Jahren ändern…

FRANZISKA BAUER

Ich wollte schon immer was mit Tieren machen, aber eine
andere Vorstellung, die ich hab, ist, in einer psychiatrischen
Anstalt als Therapeutin für Jugendliche tätig zu sein – im
Bereich Eßstörungen oder Suizidgefahr. Natürlich habe
ich, wie alle anderen Mädchen in meinem Alter, auch die
Gedanken zu modeln oder zu singen, aber da diese
Wunschträume vom wahren Leben weit entfernt sind,
reduziert man sich lieber auf das mögliche.

FREDA DIEKMANN

*Freda (rechts) und
ihre Schwester Clara*

Wir sollten unsere Chancen nutzen

Antonia

Ich bin ein Mädchen, 1991 in Deutschland geboren,
namens Antonia. Ich bin etwas größer als die meisten meiner Freunde. Ich habe braune Augen und
braune Haare. Mal wohne ich bei meiner Mutter,
mal bei meinem Vater und seit einem Jahr auch im
Internat. Aber das alles sind äußerliche Kennzeichen.
Das Innere: Ängste, Vorlieben, Gedanken, Gefühle
und viele andere Dinge. Zum Beispiel Angst davor,
alleine in den Keller zu gehen, Angst davor, ohne
Licht einschlafen zu müssen, Angst vor Spinnen, Angst
jemanden zu verlieren, Angst jemanden zum Verlierer
zu machen. Aber es gibt auch die Angst davor, eine
Frau zu sein. Früher sollten Frauen Kinder zur Welt
bringen, sie erziehen, kochen, putzen – mehr war
ihnen nicht erlaubt. Heute, wo Deutschland eine
Bundeskanzlerin hat, ist dies längst Vergangenheit.

Ich denke, daß wir darüber froh sein können und
daß wir Mädchen/Frauen unsere Ängste überwinden
müssen. Wir sollten unsere Chancen nutzen, als
Frau/Mädchen unsere Meinung sagen zu dürfen. Wir
sollten unsere Gedanken und Gefühle aussprechen
und mit anderen teilen, unsere Vorlieben äußern und
unser Leben danach richten.

ANTONIA KOERFER

Abi in der Tasche.
Und jetzt?

Scheinbar ein Meer voller Möglichkeiten … einfach nur entscheiden und loslegen. Vor allem richtig entscheiden. Eine Mitschülerin plant ein freiwilliges soziales Jahr in Israel und Afrika, anschließend ein Theologiestudium. Inga will in Hamburg Modedesign studieren und Antonia Tiermedizin in Wien. Jane arbeitet zunächst ein paar Monate in einem Waisenhaus in Costa Rica.

Das erste Mal auf der Bühne stand ich mit vier Jahren in einer Aufführung meiner Ballettschule; mit meinem Bruder und Freundinnen habe ich Ballettaufführungen im Wohnzimmer gemacht. Meistens Schwanensee. Ich war die Schwanenkönigin, meine Großmutter das Publikum. Oder Zirkusaufführungen im Garten. Schon als kleines Mädchen saß ich begeistert in der Oper und bewunderte das Hamburger Ballett. Zunächst zog mich diese ganz besondere Theater-Atmosphäre an. Dann waren es unvergeßliche, eindrucksvolle Theaterstücke, die mich nicht mehr losließen. Und schließlich die »Theatermenschen«. Interessante Menschen. Interessante Biographien. Viele Gedanken. Ich habe mich immer hingezogen gefühlt zum Theater. Immer gewußt,

daß ich da irgendwie hingehöre. Ich bin glücklich im Schauspiel, fordere mich selbst heraus, reagiere mich ab, sauge auf.

Manchmal ist es schwer, andere vom eigenen Traum zu überzeugen. Zweifel zu überwinden. Zu überzeugen. Immer wieder. Zu überraschen. Manchmal schwieriger noch, mich selbst zu überzeugen.

Ich habe Ballett und Stepptanz gelernt, gesungen und Klavier gespielt und während eines Internataufenthalts in Australien Schauspielunterricht genommen. Ich habe in verschiedenen Jugendtheatergruppen gespielt. Ich habe im Theater assistiert und bei Proben zugeschaut. Ich habe immer überlegt und geplant, was ich als nächstes mache, um meinem Ziel näher zu kommen. Aufgehört und angefangen. Entscheidungen. Ein nächster, neuer Schritt. Und jetzt? Ich schreibe Bewerbungen für Schauspielschulen.

MARIE ULBRICHT

Marie beim Theaterspiel

Hanna und Merle aus Berlin spielen am liebsten Fußball. Am »Kicken« reizt sie das Miteinander, aber auch, daß man bis zum Umfallen kämpft und Emotionen zeigen kann.

Peng! Das saß!

Meine Welt war der Ausdruck – eingebettet in Tanz und Musik konnte ich mich meinen Träumen, Sehnsüchten und Gefühlen hingeben. Die Schreie waren lautlos und fanden mit meinem Körper ihr Ohr. Meine qualvolle Entscheidung zwischen dem Tanz und der Schauspielerei wurde mir aufgrund großer körperlicher Beschwerden abgenommen, und so begann ich mich während meines Abiturs auf die Vorsprechen vorzubereiten.

Ich dachte, ich müsse jetzt halt nur ein wenig umdenken und den Körper in Verbindung mit Sprache als Ohr benützen. Weit gefehlt! Nicht, daß ich nur sehr ungeübt war, jetzt plötzlich meine Gefühle in meine Stimme und Gestik zu legen, nein, ich hatte eine ordentliche funktionelle Dysphonie und litt unter Stigmatismus, welche auf meine von Geburt an bestehende Innenohrschwerhörigkeit zurückzuführen sind. Diese Faktoren hatte ich in meinem Eifer und der Lust mich darzustellen nicht bedacht und rasselte prompt durch zwei Aufnahmeprüfungen, so daß ich unter meinem eigenen hohen Leistungsdruck in große Selbstzweifel geriet.

Kurzerhand entschied ich mich, meinen anderen Traum, die Entdeckung der großen weiten Welt, in Angriff zu nehmen und mir Zeit und Raum zu geben, ob es denn nun wirklich der Weg der Kunst werden sollte. Ein Jahr reiste ich durch fremde Länder und (über-)lebte fernab von Materialismus, Druck und Alltag. Die vielen Eindrücke, Erfahrungen und auch die innere Ruhe sind mir bis heute unvergeßlich – und dennoch ließ mich der Wunsch, auf der Bühne zu stehen, nicht los, und so ging ich nach einem Jahr von dem einen Dschungel zurück in den anderen – nach Deutschland zu den Hochschulaufnahmeprüfungen. Ich bereitete mich vor, nahm logopädische Stunden und stellte mich aufgeregt der Berliner Prüfungskommission. Die »Kritik« war niederschmetternd und hat mich zutiefst verletzt: Auf süffisante Weise wurde gefragt, was ich denn für Hör- und Sprachprobleme hätte, das sei ja wirklich traurig, ich armes Ding, ts ts ts. Schauspielerei sei für Leute wie mich kein Beruf. Peng! Das saß!

Aber ich kämpfte weiter. Ich begann meine Ohren zu verdecken und nahm noch mehr logopädische Stunden, bis ich plötzlich in immer weitere Runden kam. Ich liebte meine Rollen, wuchs mit ihnen und bei der Aufnahmeprüfung in Essen am 7. Dezember 2005 habe ich mir gesagt: So, Mona, entweder packen sie die Figuren, so wie sie dich jedes Mal aufs Neue packen, oder du bist hier falsch!

Es hat geklappt.

Die Folkwang Hochschule war für mich immer meine Traumschule, schon als Zwölfjährige schaute ich mir Tanzproben an und wünschte mir, später einmal dort studieren zu dürfen. Die Atmosphäre, der menschliche Geist und die Internationalität der Schule haben mich damals schon stark beeindruckt.

Die Prüfungstage waren für mich ein einziges Auf und Ab – schwankend zwischen Selbstzweifel, Hoffnungen und Glaube gab es nur diese Stunden.

Samstag, 18. Februar 2006, ca. 19 Uhr: der erste Name fiel: Mona Kloos.

Nein!! Ich… das kann doch nicht wahr sein… tausend Gedanken schossen mir durch den Kopf: die vielen Aufnahmeprüfungen, Tränen, Wut, Hörgeräte – ich sollte es geschafft haben??? Der Kampf sollte nun vorbei sein?

Ich, Mona aus Leverkusen, darf hier studieren?

Die nächsten Wochen erlebte ich wie im Traum und noch oft packte mich manchmal die Angst, daß irgendjemand anrufen könnte, um mir mitzuteilen, daß meine Schwerhörigkeit nun doch ein Problem sei. Es rief niemand an und ich bin es tatsächlich, die über das Kopfsteinpflaster zum Unterricht geht, begleitet von Musikklängen, die aus den schönen, alten Gebäuden hallen.

Ich bin angekommen und sehr glücklich hier.

MONA KLOOS

Mona

Marica Bodrožić

Herzkränze, Stundenland

Mein Herz war schon immer ein weltraumgroßes Organ. Entweder drohte es der Mutter, an ihr zugrunde zu gehen, oder sprach sich zu, an sich selbst aufzuerstehen. Weiß nicht mehr, welcher Sommer es war, aber ein Sommer war es, in dem der erste Busenansatz kam, so ein Sommer war es, und es war ein langer heißer Sommer, ein schrecklicher, denn ich wollte kein Mädchen werden.

Vor diesem Sommer gab es eine lange Kindheit. Eine einsame, bei Tanten und Leuten verbrachte, die sich Verwandtschaft nannten. Eine der Tanten hatte zwei Söhne, die andere fünf. Mit diesen Cousins spielte ich immer, im Winter, im Sommer, in den Bergen, in der Ebene der Herzegowina. Restlos überzeugt davon, die gleichen Rechte wie sie zu haben, forderte ich stets dieses oder jenes von ihnen. Eines Tages, ich muß wohl vier, fünf Jahre alt gewesen sein, schlug einer der Jungen mir eine irgendwie überaus wichtige Sache aus. Ich erinnere mich nur an einen Satz, es hieß, auf Dauer bringe es nichts mit mir, ich sei ja ein Mädchen. Weinend, und damit natürlich alle Nachteile einer Heulsuse bestätigend, ging ich zu meiner Tante und fragte sie, wann ich denn endlich ein Junge würde. Woraufhin die Tante sagte, nie, nie mein Engel, du wirst immer ein Mädchen bleiben.

Ungläubig fragte ich, ob mir denn auch in den nächsten Wochen, Monaten, Jahren denn wirklich nichts nachwachse, das mich ebenbürtig machen könnte.

Und die Antwort war nicht minder erschütternd, nie, nie mein Engel, so etwas wächst dir nicht mehr, denn du bist ein Mädchen. Dann wurde ich sechs Jahre alt, und der Großvater kam auf einem Pferd, aus Dalmatien, holte mich ab, und dann begann die Schulzeit, die Zeit der Pioniere, der roten Tücher und Nelken. Mir schien der Kommunismus viel verlockender und fröhlicher zu sein als alles Katholische. In der Kirche durfte ich nicht im Chor singen, meine Stimme sei für heilige Lieder viel zu rauh, sagte der Pfarrer. Mailieder rauhstimmig zu singen, das war nicht verboten, das ist doch klar, warum mir das zweite besser gefiel. Fortan, nach der ernüchternden Antwort der sonst lieben Tante, trennte mich alles von der Welt der Jungen. Und das war wirklich alles, denn in der Welt meiner ersten Jahre hatten die Jungen und die Männer das Sagen. Sie besaßen die Welt der Wörter, die Welt der Gesetze, die Welt der Freude, die Welt der Beschlüsse, die Welt der Billardtische. Sie sagten einfach, wie es geht und was das ist, was gehen soll, und dann taten sie es. Niemand fragte ein Mädchen, ob es nicht auch gerne Billard spielen möchte.

Ein baumstämmiger Widerstand wuchs in mir heran, lehnte sich auf gegen alles, was das letzte Wort eines Mannes war, schließlich, später in der deutschen Provinz, jedes Wort des Vaters den Fäusten eines kleinen Feindes gegenüberstand. In allen Ferien, die ich danach als Heranwachsende und von Deutschland kommend, in Dalmatien verbrachte, erfand ich komplizierte Wörter. Bald hatte ich mir im Dorf den respektablen Ruf einer Fremdwörterkennerin erarbeitet. Dabei war ich einfach eine kleine Lügnerin, die selbst die Bedeutung der erfundenen Wörter nicht kannte. Sie lagen so in mir herum, diese Möchtegernwörter, wie Kartoffeln auf der selten fruchtbaren Erde in diesem weltabgewandten hinterdalmatinischen Karstgebiet.

Die Wörter waren meine Verbündeten. Immer, auch im Elternhaus, an den langen Sonntagnachmittagen in der kleinen Zweizimmerwohnung, in der Nähe von Frankfurt; in dieser Wohnung war alles zu eng, zu gedrungen, ein altes Fachwerkhaus war es, in dem wir wohnten, und die Balken waren uralt, man stieß mit dem eigenen Gedächtnis an alle einstigen Bewohner dieses Hauses Kopf an Kopf an, wenn man seine Liebe aus dem Fenster hängte, schauend, still und wunschlos ohnehin, dachte ich jedenfalls immer.

Dabei waren die Herzkränze fast ertrunken damals, an dem Übermaß der Wünsche, in einem Stundenland der Vorstellung, daß die Bücher tatsächlich Weltweiser waren, meine Weltweiser, meine Weltwinkel und Gegenden, in die ich doch einmal selbst, hoffentlich, würde verschwinden können. Aber die Mutter verlangte, daß ich eine Bankkauflehre machen sollte. Ich sollte etwas Würdevolles erlernen, sagte sie, nicht so enden wie sie, mit einem kaputten Rücken.

Nur um sie zu beruhigen, bewarb ich mich bei Banken. Zu den Aufnahmeprüfungen der Banken ging ich hin, machte bei den Tests mit Absicht viele Fehler und wurde erstaunlicherweise doch einmal tatsächlich von der Commerzbank zu einem Vorstellungsgespräch eingeladen. Sofort warf ich den Brief in den Müll. Prompt fanden die Adleraugen meiner Mutter ihn und sie fischte ihn beidhändig aus den Paprikaresten des Abfalls wieder heraus, einen großen Betrug an ihr beklagend.

Da das Lesen für mich stets die Rettung in dieser vielstimmigen, nie ruhigen Wohnung gewesen war, dachte ich, daß es klug sein könnte, irgendetwas »mit Büchern« zu machen. Nur einige Minuten weit weg von einer Ginkgo-Baumgruppe am Main, in Frankfurt-Höchst (die Leute behaupteten, Goethe habe hier schon Ginkgo-Blätter gesammelt), fand ich einen wohlwollenden Buchhändler, der mich sogleich einstellen wollte. Obwohl ich kein Abitur hatte, war man

mir wohlgesonnen, ich litt sehr daran, nun doch nicht so schnell an die Universität gehen zu können. Jahre danach machte ich das Abitur auf dem Abendgymnasium nach, zog aber noch während der Lehre von zu Hause weg.

Das große Alleinsein begann. Nachts entführte ich bei Regen meine eigenen Bücher. Die Mutter hatte mir verboten, je wieder zurückzukommen. Mein Auszug war für sie der größte Verrat, die größte Leugnung ihrer Kräfte, und was, so sagte sie es, hatte sie nicht alles getan, um uns zu Menschen zu machen. Mein Menschsein tat weh, aber die Stadt und die Kinos waren schön; daß es Krach machte, überall, allenthalben, daß es Leute um mich gab, die mich in Ruhe ließen, die mich nicht mit ihren Blicken und Fragen verfolgten, das tat gut. Die Herzkränze ruhten sich ein bißchen aus. Aber nur ein bißchen. An Auferstehung war lange noch nicht zu denken. In die Universität ging ich klopfenden Herzens, daß der Name Goethes über ihr stand, erfüllte mich mit tiefem Stolz, mit einer lange nachhallenden, Herzklopfen verursachenden Würde. Das Leben wurde ein Land aus Stunden. Zu Fuß ging ich quer durch die Stadt. Sie wurde meine treuste Freundin. Und in ihr fing die Erinnerung an, das Schreiben auch, das Gewahrwerden des eigenen Gedächtnisses und daß ich doch in den langen Wintern, mit dem Vater, in der dalmatinischen Gastwirtschaft Billard spielte, daß ich doch, als einziges Mädchen, an der Theke der Wirtschaft saß und die bunten Flaschenetiketten ansah, wie große Versprechen aus einer fernen anderen Welt, deren Leib sich mir noch lange entziehen sollte und der doch ein Teil von mir selbst war.

Die Poesie der trinkenden Männer, an der Theke so vieler Bars und Restaurants, ist lange ein Getränk für meine Herzkränze gewesen, ein Bild der Sattheit und Liebe. Dennoch mußte ich aus der Enge des Elternhauses abhauen, um dem eigenen Namen zu begegnen, weggehen in irgendeine Welt, damit es irgendeine und mit etwas Glück meine eigene geben konnte. Auf diese Art kam ich zu vielem, zu Menschen, zu Büchern, zu Sprachen, zu Städten; und ich kam zu vielen vielen neuen Adressen. Das ist deshalb der Fall, weil das Herz zwar immer weltraumgroß ist, wenn es fühlt, vor allem aber darum: weil es ein Organ der Seele ist.

MARICA BODROŽIĆ

*»Es scheint, daß eine Frau mehr Aussicht auf Erfolg hat,
je höher sie ihre Ziele schraubt und je ungewöhnlicher sie
in ihrer gewählten Umgebung ist.«*

Germaine Greer

Alice Sara Ott, geb. 1988, Pianistin

Schon mit fünf Jahren trat Alice Sara Ott vor mehr als tausend
Zuschauern im Münchener Herkulessaal auf: »Ich war über-
glücklich, so viele Menschen vor mir zu sehen, die begeistert
applaudierten und Bravo riefen«. Von diesem Augenblick an
stand für die temperamentvolle Deutschjapanerin fest:
»Ich werde Pianistin.« Und Alice Sara machte schnell Karriere,
bekam zahlreiche internationale Auszeichnungen.
Als Fünfzehnjährige belegte sie als bisher jüngste Teilnehmerin
des renommierten Silvio Bengalli Klavierwettbewerbs
den 1. Platz. Für diesen Weg braucht man ihrer Meinung nach
vor allem drei Dinge: »Disziplin, Glück und … ein dickes Fell.«

Anna Fischer, geb. 1986, Schauspielerin

»Ein kleiner Schritt auf etwas zu ist immer besser als davon weg.«
Das ist das Motto von Anna Fischer, die schon mit elf Jahren als Sängerin auf der Bühne
stand. Ihr schauspielerisches Talent wurde 2002 entdeckt. »Nach dem ersten Drehtag war
ich so aufgewühlt, das ich beim Abendbrot mit meinen Eltern nicht mal in der Lage war,
einen Satz klar auszusprechen«, erinnert sich
die gebürtige Berlinerin. »Was mich fasziniert,
ist, daß es eine Mega-Gaudi ist, wenn die Kamera
läuft und man merkt, wie das Adrenalin durch den
Körper saust. Eine Sucht!« Für ihre Darstellung
des Mädchens Alma im Spielfilm *Liebeskind* wurde
Anna im Jahr 2006 mit dem Max-Ophüls-Preis
als beste Nachwuchsdarstellerin ausgezeichnet.

Iris Thurnherr, geb. 1984, Rennfahrerin

Mit acht Jahren fuhr sie schon Seifenkistenrennen, mittlerweile kann sie sich ein Leben ohne Motorsport gar nicht mehr vorstellen: »Solange ich fahren kann, bin ich glücklich.« Karriere ist der Schweizerin da gar nicht so wichtig, »nur leider ist es ein sehr kostspieliger Sport und ich bin auf Sponsoren angewiesen und die kriegt man nur, wenn man Erfolg hat.« Dafür braucht man Durchhaltevermögen und Zielstrebigkeit, denn man muß auch immer wieder mal Rückschläge einstecken. »Man muß einfach seine Ziele vor Augen haben und nicht aufgeben.« Im Jahr 2000 holte sie den Vizemeistertitel in der Formel-A. Ihr größter Wunsch ist es, Profirennfahrerin zu werden.

Lena Meyer-Landrut, geb. 1991, Sängerin

»Germany, twelve points« – dieser Satz ertönte überraschend oft beim 55. Eurovision Song Contest in Oslo im Mai 2010. 28 Jahre nach Nicoles »Ein bisschen Frieden« war es eine 19-jährige Abiturientin, die Deutschland zum zweiten Grand-Prix-Sieg verhalf. Angefangen hatte alles in der von TV-Moderator Stefan Raab ins Leben gerufenen Castingshow »Unser Star für Oslo«. Mit erfrischender Natürlichkeit, sympathischer Schlagfertigkeit und jeder Menge Charme setzte sich Lena Meyer-Landrut innerhalb weniger Wochen im Wettbewerb gegen mehr als 4500 Mitstreiter durch und versetzte ganz Deutschland ins »Lena-Fieber«. Mitten im Abiturstress meisterte die Hannoveranerin sämtliche Auftritte mit spielerischer Leichtigkeit und sang sich mit »Satellite« an die Spitze der Charts. Trotz des anhaltenden Erfolges hat Lena ihre Bodenständigkeit nicht verloren: »Es ist ein Schnappschuss, mehr nicht. Ein schönes Bild für den Moment! Ich bin gespannt, welche Momente die Zukunft mir noch bringen wird.«

»Für die dummen Frauen hat man die Galanterie;
aber was tut man mit den Klugen? Da ist man ratlos.«

HEINRICH MANN

Nachwort

So kriegst du ihn!«, »Bist du gut im Bett? Mach den Test«, » So kannst du dich älter stylen«, »Mach sie neidisch auf dich«, »Die neuen Marken, die besten Schnitte«, »So küßt du richtig!« – dies alles sind Schlagzeilen auf den Titelseiten der Zeitschriften *Mädchen*, *BRAVO* und *BRAVO Girl*. Schaut man sich diese Zeitschriften an, könnte man meinen, heute interessieren sich Mädchen ausschließlich für Stars, Klamotten, fürs Schminken und für Jungs – so, als hätte es eine Frauenbewegung nie gegeben.

Man könnte sogar noch weitergehen und vermuten, daß sich die Mädchen heute zwar äußerlich sehr stark, nicht aber in ihren Zielsetzungen von denen ihrer »Schwestern« um 1900 unterscheiden. Denn auch in dem »Goldenen Mädchenbuch« von 1906 erhielten die Leserinnen neueste Modetips und Verhaltensmaßregeln bei ihren Bestrebungen, den richtigen Mann zu finden. Verbunden waren solche wohlgemeinten Ratschläge allerdings immer mit dem Leitbild der guten Ehefrau und Mutter. Ein selbständiges, selbstbestimmtes Leben mußte für Mädchen und Frauen im wilhelminischen Zeitalter ein Wunschtraum bleiben.

Dies änderte sich nach der Revolution von 1918. Die kurzen Haare und kurzen Röcke der zwanziger Jahre waren Ausdruck einer offensiven, körperlichen Präsenz und Bewegungsfreiheit, dabei zugleich Symbol emanzipatorischer Weiblichkeit. Frauen erhielten in Deutschland das Wahlrecht, Studentinnen – zwar weiterhin in der Minderzahl – gehörten an den Universitäten nicht mehr zu den exotischen Erscheinungen. Unabhängigkeit ausstrahlende Künstlerinnen rückten in das Bild der Öffentlichkeit, schufen neue Leitbilder. Junge Mädchen gingen nicht mehr nur als Dienstboten in Stellung, sondern auch in Fabriken oder Büros. In die Geschäftsviertel der Großstädte strebte täglich ein Heer weiblicher Angestellter; sie gaben den Straßen, den Warenhäusern und Schreibbüros die charakteristische Prägung. Feste Arbeitszeiten und regelmäßiges Gehalt ermöglichten auch diesen Frauen eine größere Autonomie.

Der begonnene Weg in Richtung Gleichberechtigung zwischen den Geschlechtern erfuhr jedoch einen jähen Abbruch mit dem Erstarken der Nationalsozialisten. Das überkommene Frauenbild rückte wieder in den Vordergrund. Kinder für die »Volksgemeinschaft« in die Welt zu setzen, wurde für die Frau oberstes Gebot, so wie Hitler es auf einer Tagung der NS-Frauenschaft am 8. September 1934 propagandistisch verkündet hatte: »Jedes Kind, das sie zur Welt bringt, ist eine Schlacht, die sie besteht für das Sein und Nichtsein des

Volkes.« Die Mädchen auf diese Aufgabe vorzubereiten, war einziges Ziel in den Organisationen der Jungmädel, des BDM und der Bewegung »Glaube und Schönheit«. Und so formulierte der BDM seine Zielvorstellung entsprechend: »Unser Ziel ist der ganze Mensch, das Mädel, das gesund und klar seine Fähigkeiten einsetzen kann für Volk und Staat. Deshalb liegt uns nichts an der Anhäufung irgendwelcher Wissenschaften, trockener Zahlen und Begriffe, deren Sinn wir nicht verstehen, sondern alles an der Heranbildung der Gemeinschaft und der Mädelhaltung.« Gesund, schön, blond und tüchtige Hausfrauen sollten sie sein – Aufgaben im Beruf und im öffentlichen Leben galten nicht mehr als erstrebenswert, ja in den ersten Jahren der Naziherrschaft wurde die Berufstätigkeit der Frauen geradezu bekämpft. Weibliche Angestellte und Beamtinnen wurden aus dem öffentlichen Dienst entlassen, die Zahl der Studienanfängerinnen beschränkt, und ab 1936 hatten Juristinnen keine Chance mehr, als Rechtsanwältin, Richterin oder Staatsanwältin zugelassen zu werden. Die Beschränkung auf Heim und Herd erwies sich allerdings bald als kurzsichtig: Die Männer mußten in den Krieg ziehen, und nun wurden Frauen wieder überall gebraucht und sogar als Funkerinnen oder Flakhelferinnen an der Front verheizt.

Das in zwölf Jahren von nationalsozialistischer Ideologie geprägte Mädchenbild blieb noch lange stark verwurzelt in den Köpfen der Deutschen und wirkte bis weit hinein in die sechziger Jahre. Daran hatte auch die Nachkriegszeit nichts zu ändern vermocht, in der gerade die Frauen und Mädchen das Leben im zerstörten Deutschland wieder in Gang bringen mußten – ohne die Männer und völlig auf sich allein gestellt.

Erst als in den sechziger Jahren die Jugendlichen ihre Eltern und Großeltern mit der jüngsten Vergangenheit konfrontierten und in diesen heftig geführten Debatten nahezu alle bis dahin gültigen Werte in Frage gestellt wurden, geriet das traditionelle Mädchenbild erneut ins Wanken. Wie die jungen Männer widersetzten sich auch die Mädchen den von patriarchalischen Vorstellungen geprägten Rollenzuschreibungen und probten den Aufstand. Im Zusammenhang mit der antiautoritären Studentenbewegung, die trotz ihres politischen Anspruchs vielen traditionellen Rollenklischees

verhaften blieb, formierte sich die neue Frauenbewegung. Durch sie – und mit der Einführung der Antibabypille – gelang es den Mädchen und jungen Frauen zunehmend, ihre Vorstellungen von einem selbstbestimmten Leben umzusetzen. »Selbstverwirklichung« wurde zu einem der häufig gebrauchten Schlagwörter in den siebziger und achtziger Jahren, Bildung und Berufstätigkeit für die Mädchen mehr und mehr zur Selbstverständlichkeit. Gleichberechtigung schien zumindest in dieser Generation keine Utopie mehr zu sein, viele der jungen Väter fühlten sich für die Erziehung der Kinder ebenso verantwortlich wie die Mütter. Nunmehr wuchs eine Mädchengeneration heran, auf die der Kampf der Mütter um Gleichberechtigung, Selbstverwirklichung und finanzielle Unabhängigkeit beinahe exotisch wirken mußte. Feminismus, Quote und Frauenbeauftragte waren Themen von gestern. Die »Girlies« der neunziger Jahre wollten Spaß und Karriere, gaben sich sexy, klug, selbstbewußt. Ein neuer Frauentypus schickte sich an, als Gewinner im Geschlechterkampf ins neue Jahrhundert zu starten.

Die Mädchen lesen mehr, sie verfügen über bessere Schulabschlüsse als Jungen, sie haben auch in den Naturwissenschaften ihre männlichen Klassenkameraden überholt, und sie planen genauso selbstverständlich wie die Jungen eine berufliche Karriere. Warum aber dann diese Flut der kommerziellen Zurschaustellung des weiblichen Körpers in Hochglanzmagazinen, Frauenzeitschriften und Mädchenheften? Warum solche Schlagzeilen wie: »So kriegst du ihn«? Soll das also doch oberstes Ziel weiblichen Daseins sein? Sollen alle (vor allem) körperlichen und geistigen Bemühungen letztlich dem einen Zweck dienen, den Männern zu gefallen? Schließt sich hier der Kreis eines Jahrhunderts? So ganz abwegig ist diese Annahme nicht. Jedenfalls scheint der Druck, der auf den Mädchen von heute lastet, ungleich schwerer als vor hundert, fünfzig oder zwanzig Jahren. Die Mädchen müssen nicht nur körperlich den Idealvorstellungen entsprechen, sondern im Alter zwischen zwanzig und fünfunddreißig Jahren die Ausbildung abgeschlossen, Berufserfahrung gesammelt, den Mann fürs Leben gefunden – und Kinder bekommen haben. Da die wenigsten das alles schaffen, kommt der Druck schon bei Schülerinnen an – viele von ihnen reagieren darauf mit Krankheiten wie Eß-störungen oder Depressionen.

Hinzu kommt, daß die Mädchen auch heute noch mit einer Realität auf dem Arbeitsmarkt konfrontiert werden, die auf Jungen und Männer eingerichtet ist. Auch wenn es Konzepte wie »womenpower« gibt, die jungen, gebildeten und mobilen Frauen hervorragende Chancen auf dem Arbeitsmarkt geben. Die aber bleiben verschlossen, sobald das Thema Kinderbetreuung aktuell wird. In einer Umfrage einer Unternehmensberatung wird auf die Frage, wie sich der Anteil von Frauen in Führungspositionen erhöhen ließe, an erster Stelle die ganztägige Kinderbetreuung genannt. Dies hat auch unsere Befragung von Mädchen zwischen elf und sechzehn Jahren ergeben, die wir für dieses Buch durchgeführt haben. Die Mehrheit möchte berufstätig sein, eine Familie haben und die Kinder versorgt wissen. Allerdings haben Arbeitslosigkeit und hohe Scheidungsraten auch zu Unsicherheit und Verzagtheit im Hinblick auf eine optimistische Zukunftsplanung geführt. Auf die Frage nach ihren Ängsten fürchten viele Mädchen, nach Schule oder Studium ohne Job dazustehen. Und in einigen Antworten schimmerte gar die Sehnsucht nach einer traditionellen Rollenverteilung durch, die von einem berufstätigen Mann und einer nicht erwerbstätigen Mutter zu Hause ausgeht. Die alten Rollen taugen nichts mehr und die neuen sind noch nicht optimal besetzt, kein Wunder also, daß sich Unsicherheit breit macht (allerdings bei den Mädchen wie den Jungen gleichermaßen). Und es mag an dieser Stelle zumindest erwähnt werden, daß das Aufbrechen der Rollen auch zu mehr Gewaltbereitschaft unter Mädchen führt und aggressive Mädchengangs in Großstädten längst keine Einzelfälle mehr sind.

Doch auch wenn die Debatte um Glück oder Unglück der Emanzipationsbewegung gerade jetzt wieder neu begonnen hat, so ist unser Fazit dennoch positiv. In einer unsicher scheinenden Welt haben wir viele Mädchen getroffen und befragt, die ihre Chancen erkennen und auch nutzen. Es sind Mädchen aus unterschiedlichen Gesellschaftsschichten, von denen einige in mehreren Kulturen aufgewachsen sind. Es sind Mädchen, die, bei aller Unterschiedlichkeit, bereits als Kinder ein bestimmtes Ziel verfolgt und dieses nicht mehr aus den

Augen verloren haben. Diese »klugen« Mädchen bilden den Abschluß und zugleich den Höhepunkt der Mädchen-Geschichte des gesamten 20. und beginnenden 21. Jahrhunderts. Diese jungen Mädchen und Frauen sind auf dem Weg, erfolgreiche Musikerinnen, Schriftstellerinnen, Modedesignerinnen, Rennfahrerinnen, Physikerinnen, Politikerinnen, Entwicklungshelferinnen und vieles andere zu werden. Mit einer Mischung aus Zähigkeit, Kraft, Selbstbewußtsein und Begabung werden sie ihr Ziel erreichen.

Auf unserer Reise durch das Jahrhundert sollten große Linien ebenso gezeigt werden wie biographische Details; eine komplette Darstellung konnte und sollte hier nicht erfolgen. Und so ist das Besondere, daß unsere Mädchengeschichte im Wesentlichen aus persönlichen Erinnerungen besteht. Einige davon wurden schon in anderen Publikationen veröffentlicht, viele der Texte aber wurden für dieses Buch geschrieben oder aus Tagebüchern, Aufzeichnungen und Briefen ausgewählt und uns zur Veröffentlichung übermittelt: Trauriges und Komisches, Rätselhaftes und Erhellendes, Überraschendes und Informatives. Gemeinsam mit den Photographien, die zu einem großen Teil aus privaten Photoalben stammen, spiegeln sie den Wandel des Mädchenbildes eines ganzen Jahrhunderts wider. Sie zeigen, auf welche Weise unsere Großmütter und Mütter, wir selbst und unsere Töchter von der jeweiligen Zeit geprägt wurden und werden. Sie bezeugen aber auch, daß es zu jeder Zeit die Mutigen und Klugen gegeben hat, die trotz aller Hindernisse ihren eigenen Weg gehen. Es stimmt uns optimistisch, daß so viele Mädchen werden konnten, wie sie noch vor wenigen Jahrzehnten nicht werden sollten: gut ausgebildet, unabhängig und selbstbewußt.

Antonia Meiners

144

Danksagung

*All jenen Frauen und Mädchen, die uns so bereitwillig teilhaben ließen an ihrem Mädchen-
leben, uns diese Fülle an Material zur Verfügung stellten und für dieses Buch Beiträge
geschrieben haben, sei hiermit ganz besonders herzlich gedankt. Namentlich erwähnt
seien hier noch einmal Sabine Hollburg und Darja Süßbier, in deren Poesie- und Fotoalben
wir interessantes Material gefunden haben, Ursula Nienhaus vom Frauenforschungs-,
-bildungs- und -informationszentrum Berlin (FFBIZ) und vor allem auch die vielen
Mädchen, die uns durch die Teilnahme an unserer Fragebogenaktion wertvolle Anregungen
gegeben haben, unter anderem Mary Lou und Ronja aus Zepernick, Sina aus Linda, Marisa
und ihre Freundinnen aus Berlin und die beiden Kickerinnen Hanna und Merle aus Berlin.
Ein herzliches Dankeschön auch an Felix Brusberg für die historischen Reklamebilder
und Rainer Ballin aus dem Büro für Gestaltung von Pauline Schimmelpenninck für sein
Engagement. Der Verlag dankt allen Rechteinhabern für die freundlich erteilten Abdruck-
genehmigungen. Ein besonderer Dank gilt der unermüdlichen Recherchearbeit
von Olivia Knof und Sigrid Behrent, der Bildbearbeitung von Christine Rühmer,
der Ausführung letzter Änderungen durch Kuni Taguchi und nicht zuletzt
der graphischen Gestaltung von Pauline Schimmelpenninck.*

Biographien

FRANZISKA BAUER, geboren 1988 in Tegernsee, Schülerin. 2005/2006 ein Jahr als Gastschülerin in Thailand.

MARICA BODROŽIĆ, geboren 1973 in Svib/Dalmatien im heutigen Kroatien, Schriftstellerin, lebt seit 1983 in Deutschland. Studierte Kulturanthropologie, Psychoanalyse und Slawistik. Veröffentlichte Gedichte, Erzählungen, Romane und Essays und lebt, nach Aufenthalten in Paris und Zürich, als freie Schriftstellerin in Berlin. Sie erhielt zahlreiche Preise, unter anderem 2002 den Heimito-von-Doderer-Förderpreis und 2003 den Adalbert-von-Chamisso-Förderpreis.

FREDA DIEKMANN, geboren 1989 in Hamburg, Schülerin, lebt am Tegernsee.

ELISABETH DIETZ, geboren 1925 in Marktredwitz, technische Zeichnerin. Ausgebildet als technische Zeichnerin, Fremdsprachenkorrespondentin und Chefsekretärin. Später Hausfrau, Freizeitjournalistin und Autorin.

MARGOT FABER, geboren 1939 in Frankfurt am Main, Bankangestellte in Rente. 1958 Heirat, Geburt einer Tochter, Arbeit im Betrieb der Mutter (Herstellung von Molkereiprodukten) als Aushilfsfahrerin und Buchhalterin. Übernahme des Betriebs. Neuanfang in der Bank, Verkauf des Betriebs 1981. Eintritt in den Ruhestand 1997.

NINA FINKEN, geboren 1988 in Berlin, Schülerin. Besuchte die Robert-Blum-Oberschule (Gymnasium) in Berlin-Schöneberg, Abitur im Sommer 2007.

INGEBORG FRIED, geboren 1930 in Berlin, drei Kinder, inzwischen Großmutter. Ausbildung zur Buchhändlerin und anschließend im S. Fischer Verlag in Frankfurt am Main tätig. Einige Jahre Sachbuchredakteurin, Ausbildung zur Eheberaterin, Mitarbeiterin in der Telefonseelsorge. Besuch des Abendgymnasiums mit Abschluß Abitur. Einige Jahre Sprachstudien in England, Kanada, USA, Schweiz und Frankreich. Seit fünfzehn Jahren Seniorstudentin am Humdoldt-Studienzentrum der Universität Ulm.

PAULINA FRIED, geboren 1994 in München, Schülerin.

SERVATIA GESSNER-VAN KERSBERGEN, geboren 1953 in Würzburg. Diplompsychologin und Psychotherapeutin. Sie lebt und arbeitet in Berlin, ist sowohl therapeutisch als auch ausbildend selbständig tätig, hat eine Tochter und einen Sohn.

DR. ULLA HAHN, geboren 1946 in Brachthausen, promovierte Germanistin, Schriftstellerin. Schreibt Lyrik und Romane. Lebt in Hamburg, verheiratet mit Klaus von Dohnanyi. Zu ihren großen Erfolgen zählt der 2001 erschienene Roman »Das verborgene Wort«. 1985 ausgezeichnet mit dem Friedrich-Hölderlin-Preis der Stadt Bad Homburg, 1987 Stadtschreiberin von Bergen. Zahlreiche weitere Literaturpreise.

MONA HANSEN, geboren 1963 in Heidelberg, kaufmännische Leiterin, zwei Kinder, lebt in Berlin.

LILY HONEGGER-SCHAAD, geboren 1946 in St. Gallen/Schweiz, Organisatorin internationaler Ausstellungen und Betreuung der Presse sowie Projektarbeit im sozialen Bereich. Mitgründerin der ersten Modeboutique der Schweiz 1965, später Geschäftsführerin. Gründungsmitglied des ersten Frauen-Lions-Club im deutschsprachigen Raum. Lebt bei Zürich und hat zwei erwachsene Söhne. Ihre Hobbys sind Tauchen, Skifahren, Reisen und klassische Musik.

ILSE JUNG, geboren 1948 in Duisburg, Autorin, Musikerin, bildende Künstlerin, Gründerin und Bassistin der Band »Still Alive«. Freiberuflich tätig in eigener Musikschule. Veröffentlichung der umfangreichsten Sammlung von Martins- und Laternenliedern »Abends, wenn es dunkel wird« (2001) und der CD »Take Me With You« mit ihrer Band (2001).

ANITA KÄSTNER, geboren 1924 in Dresden, Restauratorin. Ausbildung an der Kunstakademie Dresden. Flucht in den Westen, Enteignung des Familienbesitzes. Restauratorin an der Graphischen Sammlung München sowie den Kunstsammlungen der Veste Coburg und dem Germanischen Nationalmuseum Nürnberg. Seit 1954 freiberuflich tätig, seit 1968 in Staufen im Breisgau. Sie starb im Jahr 2011.

NIKOLINE KÄSTNER, geboren 1959 in Wolfenbüttel, Restauratorin. Ausbildung zur Restauratorin für Handzeichnungen und Druckgraphik an der Herzog August Bibliothek Wolfenbüttel. Tätigkeit im Insel/Suhrkamp Verlag Frankfurt am Main. Studium der Kunstgeschichte in Frankfurt am Main, Gießen und Bonn. Unter anderem konservatorische Betreuung der Sammlung Deutsche Bank und Deutsche Guggenheim Berlin.

MONA KLOOS, geboren 1983 in Bergisch Gladbach, Schauspielstudentin.

ELISABETH KNOLL, 1932 geboren in Augsburg, lebt nach zahlreichen Umzügen, die sie durch halb Deutschland führten, in Frankfurt am Main. Während des Krieges Besuch eines Internats in Salzburg. Ausbildung zur Zahntechnikerin, später Hausfrau und Mutter, zwei Kinder.

ANTONIA KOERFER, geboren 1991 in Frankfurt am Main, lebt in Leipzig und Bad Homburg. Zur Zeit besucht sie ein Internat im Odenwald. Ihre Leidenschaft gehört der Photographie und der Kunst.

GABRIELE KRONENBERG, geboren 1946 in Düsseldorf, nach dem Abitur Lehre als Verlagsbuchhändlerin in München. Heute verantwortlich für die Herstellung der Publikationen im Deutschen Historischen Museum in Berlin, eine Tochter.

YVONNE LANG-CHARDONNENS, geboren 1928 in Zürich. Besuch von Handelsschule und Konservatorium, anschließend Lehrdiplom und Kammermusikdiplom. Sprachstudien in Japanisch, Arabisch und Russisch. Jährliche Besuche der Meisterklasse Menahem Pressler in USA.

GERDA-ELISABETH MAY, geboren 1923 in München, Gymnasiallehrerin i. R. Schulzeit in Berlin, Studium Deutsch, Englisch und Geschichte an der Universität München, Abschluß mit Staatsexamen. Von 1956 bis 1989 Gymnasiallehrerin an der Rudolf-Steiner-Schule in München.

BEATRIX NEUMANN, geboren 1954 in Göttingen. Lange Jahre als Erzieherin und Leder-Designerin tätig, lebt seit vielen Jahren in Berlin.

MARIANNE OBERSCHMID, geboren 1933 in Augsburg. Da sie nicht Schauspielerin werden darf, erhält sie eine kaufmännische Ausbildung, nach der Eheschließung Mitarbeit im Familienunternehmen »Pfaff Nähmaschinen« in Augsburg, später Hausfrau und Mutter.

DR. ALICE RICCIARDI-VON PLATEN, geboren 1910, Ärztin und Therapeutin. Schülerin der Schule Schloß Salem noch unter Kurt Hahn. Während der NS-Zeit junge Landärztin in Österreich. 1946 zusammen mit Alexander Mitscherlich kritische Beobachterin beim Nürnberger Ärzteprozeß. 1948 erschien ihr Buch »Die Tötung Geisteskranker in Deutschland«. Alice Ricciardi-von Platen verkörperte das lebendige Gewissen der deutschen Ärzteschaft. Sie starb im Jahr 2008.

ANNE RICHTER, geboren 1934 in Zeulenroda, Dramaturgin. 1950 bis 1952 Besuch der Handelsschule im Westberliner Lettehaus, danach arbeitsbedingtes Pendeln zwischen Ost und West, das 1959 mit Heirat in Ostberlin endete. Zwei Söhne. Nach acht Jahren Hausfrau- und Mutter-Dasein Arbeit als Dramaturgin beim DEFA-Studio für Dokumentarfilme. Fernstudium der Kulturwissenschaft an der Humboldt-Universität in Berlin. Nach der Wende Kurzgeschichten, Dokumentarfilm-, Rundfunk- und Fernseharbeiten.

NINA SCHINDLER, geboren 1946 in Lüdenscheid. Lebt mit Mann und fünf Kindern in Bremen und arbeitete viele Jahre lang als Lehrerin an einer Gesamtschule. Gleichzeitig Literaturkritikerin für Zeitschriften und Rundfunk. Sie hielt Vorträge über Kinder- und Jugendmedien. Seit 1991 schreibt sie selbst Kinder- und Jugendbücher und verfaßt Beiträge zu Anthologien. Außerdem übersetzt sie aus dem Englischen und Französischen Kinder- und Jugendbücher, Kriminal- und andere Romane.

ADRIENNE SCHNEIDER, geboren 1956 in Frankfurt am Main, Ausbildung zur Verlagsbuchhändlerin. Organisiert seit vielen Jahren mit großer Leidenschaft für die Autoren des Suhrkamp Verlages in Frankfurt am Main Lesungen und Veranstaltungen.

PD DR. KERRIN GRÄFIN VON SCHWERIN, geboren 1941 in Husum, Historikerin und Publizistin. Studium der Geschichte in Berlin, USA und Indien, Promotion an der Universität Heidelberg, Habilitation am Südasien Institut Heidelberg, Lehrtätigkeit an den Universitäten Heidelberg, Stuttgart und Berlin. Zahlreiche wissenschaftliche Publikationen und Sachbücher: »Indien – Länderkunde« (1986/1996), »Frauen im Krieg« (1998), »Die Uckermark in Krieg und Frieden. 1648–1949« (2005).

DR. CLAUDIA SELHEIM, geboren 1959 in Krefeld. Studium der Geschichte in Würzburg und Wien, mit anschließender Promotion 1993. Zahlreiche Veröffentlichungen. Seit 1994 wissenschaftliche Mitarbeitern des im Aufbau begriffenen Bayerischen Textil- und Industriemuseums Augsburg (tim).

ANTJE TAFFELT, geboren 1949 in Kirchmöser an der Havel. Studium der Germanistik an der Humboldt-Universität in Ostberlin. Anschließend Promotion und Tätigkeit am Zentralinstitut für Literaturwissenschaft der Akademie der Wissenschaften der DDR. Seit den neunziger Jahren freie Autorin und Lektorin im Sachbuchbereich.

MARIE ULBRICHT, geboren 1987 in Henstedt-Ulzburg, 2006 Abitur.

SILKE WAGLER, geboren 1968 in Leipzig, Modedesignerin. Ausbildung zur Herrenschneiderin an den Leipziger Theaterwerkstätten, eigenes Atelier seit 1994 in Leipzig. Neben Maßgarderobe auch prämierte Kostüme für Opern- und Theateraufführungen sowie für Fernsehproduktionen. Teilnahme an vielen namhaften Modeschauen und Präsentationen.

THEKLA CAROLA WIED, geboren 1944 in Breslau, heute Wroclaw/Polen, Schauspielerin. Absolvierte die Folkwang-Hochschule in Essen. Über ein Jahrzehnt Engagements an verschiedenen deutschen Bühnen, seither zahlreiche Rollen in Film und Fernsehen. Ausgezeichnet unter anderem mit dem Bundesfilmpreis in Gold und dem Bayerischen Fernsehpreis. Sie ist Botschafterin der SOS-Kinderdörfer.

BURGEL ZEEH, geboren 1937 in Heimbach-Weis bei Neuwied/Rhein. Volksschule, Lyzeum und Höhere Handelsschule, 1955 bis 1957 Stenotypistin im Papierwerk Paul Reuther, Neuwied, anschließend zehn Jahre Tätigkeit als Sekretärin des Verlegers Eduard Reifferscheid, Luchterhand Verlag, Neuwied und Berlin. Oktober 1967 bis September 2002 Sekretärin und rechte Hand des Verlegers Siegfried Unseld, Suhrkamp Verlag, Frankfurt am Main. Sie starb im Jahr 2009.

Nachweis

S. 12 »Vorbereitung auf das Leben«, um 1900.

S. 13 *Das Blatt gehört der Hausfrau*, Berlin 1901.

S. 14 Alfred Goetze (Hg.), »Trübners deutsches Wörterbuch«, Walter de Gruyter, Berlin/Leipzig 1935.

S. 14 Malvine von Steinau (Hg.), »Leitfaden für junge Mädchen beim Eintritt in die Welt«, Leipzig 1895.

S. 15 Josephine Siebe (Hg.), »Das goldene Mädchenbuch«, Herold Verlag, Stuttgart o. J.

S. 16 Marie-Luise Kaschnitz, »Das dicke Kind und andere Erzählungen«, Scherpe Verlag, Krefeld 1952.

S. 17/18 Hermine Hug-Hellmuth (Hg.), »Tagebuch eines halbwüchsigen Mädchens«, Internationaler Psychoanalytischer Verlag, Leipzig/Wien 1919.

S. 18 Maxie Wander, »Guten Morgen, du Schöne. Protokolle nach Tonband«, Buchverlag Der Morgen, Berlin 1977/Deutscher Taschenbuchverlag, München 1993 © S. Wander, Wien.

S. 19 Rudolf Pörtner (Hg.), »Mein Elternhaus. Ein deutsches Familienalbum«, Econ Verlag, Düsseldorf/Wien 1985.

S. 19 Margret Boveri, »Verzweigungen. Eine Autobiographie«, hg. und mit einem Nachwort v. Uwe Johnson, Piper Verlag, München/Zürich 1977.

S. 20 Hermine Hug-Hellmuth (Hg.), »Tagebuch eines halbwüchsigen Mädchens«, Leipzig/Wien 1919.

S. 20 Margret Boveri, »Verzweigungen. Eine Autobiographie«, hg. und mit einem Nachwort v. Uwe Johnson, Piper Verlag, München/Zürich 1977.

S. 21 Gabriele Reuter, »Aus guter Familie. Leidensgeschichte eines Mädchens«, S. Fischer Verlag, Berlin 1895.

S. 22 Rudolf Pörtner (Hg.), »Mein Elternhaus. Ein deutsches Familienalbum«, Econ Verlag, Düsseldorf/Wien 1985.

S. 22/23 Marie-Luise Kaschnitz, »Das dicke Kind und andere Erzählungen«, Scherpe Verlag, Krefeld 1952.

S. 23 Rudolf Pörtner (Hg.), »Mein Elternhaus. Ein deutsches Familienalbum«, Econ Verlag, Düsseldorf/Wien 1985.

S. 24/25 Maria Riva, »Meine Mutter Marlene«, Bertelsmann, München 1992.

S. 26 Rudolf Pörtner (Hg.), »Mein Elternhaus. Ein deutsches Familienalbum«, Econ Verlag, Düsseldorf/Wien 1985.

S. 27 Margret Boveri, »Verzweigungen. Eine Autobiographie«, hg. und mit einem Nachwort v. Uwe Johnson, Piper Verlag, München/Zürich 1977.

S. 28 Marie Elisabeth Lüders, »Fürchte dich nicht. Persönliches und Politisches aus mehr als 80 Jahren. 1878–1962«, Westdeutscher Verlag, Köln/Opladen 1963.

S. 28 Sigrid Grabner/Hendrik Röder (Hg.), »Emmi Bonhoeffer. Essay, Gespräch, Erinnerung«, Lukas Verlag, Berlin 2004.

S. 29 Margret Boveri, »Verzweigungen. Eine Autobiographie«, hg. und mit einem Nachwort v. Uwe Johnson, Piper Verlag, München/Zürich 1977.

S. 30 Hermine Hug-Hellmuth (Hg.), »Tagebuch eines halbwüchsigen Mädchens«, Internationaler Psychoanalytischer Verlag, Leipzig/Wien 1919.

S. 30/31 Margret Boveri, »Verzweigungen. Eine Autobiographie«, hg. und mit einem Nachwort v. Uwe Johnson, Piper Verlag, München/Zürich 1977.

S. 34 Irmgard Keun, »Das Mädchen, mit dem die Kinder nicht verkehren durften«, A. d. Lande, Amsterdam 1936.

S. 35/36 Luise Rinser, »Die gläsernen Ringe«, S. Fischer, Berlin 1941/Alle Rechte vorbehalten S. Fischer, Frankfurt/M.

S. 37 Marion Gräfin Dönhoff, »Bilder, die langsam verblassen. Ostpreußische Erinnerungen«, Siedler Verlag, Berlin 1989.

S. 40 *Reichsfilmblatt*, Nr. 24, 21. März 1925.

S. 41/42 Lilli Palmer, »Dicke Lilli – gutes Kind«, Droemer-Knaur Verlag, München 1974. © 1974 Carey Harrison, New York, und AVA, München.

S. 43 Erika von Hornstein, »So blau ist der Himmel. Meine Erinnerungen an Karl Schmidt-Rottluff und Carl Hofer«, Nicolai Verlag, Berlin 1999.

S. 43 Lola Landau, »Vor dem Vergessen. Meine drei Leben«, Ullstein Verlag, Frankfurt/M./Berlin 1987.

S. 44/45 *Uhu*, Berlin 1924.

S. 46 Hermynia zur Mühlen, »Das Riesenrad«, Engelhorn, Stuttgart 1932.

S. 47 Kleindienst (Hg.), »Stöckchen-Hiebe. Kindheit in Deutschland 1914–1933«, Zeitgut Verlag, Berlin 1998.

S. 50 »Generationen ohne Gleichen. Frauen fragen Frauen. Frauen erzählen Frauen«, o. A.

S. 51 Ute Benz (Hg.), »Frauen im Nationalsozialismus. Dokumente und Zeugnisse«, C.H. Beck Verlag, München 1993/Institut für Zeitgeschichte München-Berlin, Archiv, ED 513.

S. 52/53 Sigrid Bremer, »Muckefuck und Kameradschaft. Mädchenzeit im Dritten Reich. Von der Kinderlandverschickung 1940 bis zum Studium 1946«, R.G. Fischer, Frankfurt/M. 1988.

S. 54 Jürgen Kleindienst (Hg.), »Wir wollten leben. Jugend in Deutschland 1939–1945«, Zeitgut Verlag, Berlin 1998.

S. 55 »Sei wie das Veilchen im Moose …«, hg. vom Landkreis Oldenburg – die Frauenbeauftragte, Oldenburg 1992.

S. 56 Carola Stern, »Uns wirft nichts mehr um. Eine Lebensreise«, Rowohlt Verlag, Reinbek 2004.

S. 57 Jürgen Kleindienst (Hg.), »Pimpfe, Mädels und andere Kinder. Kindheit in Deutschland 1933–1939«, Zeitgut Verlag, Berlin 1998.

S. 58/59 Inge Deutschkron, »Ich trug den gelben Stern«, dtv, München 1993.

S. 60 James Howard Fraser/Mara Vishniac Kohn/Aubrey Pomerance (Hg.), »Roman Vishniacs Berlin«, Nicolai, Berlin 2005.

S. 61 Cordelia Edvardson, »Gebranntes Kind sucht das Feuer«, dt. von Anna-Liese Kornitzky, Hanser Verlag, München/ Wien 1986.

S. 62 Anja Salewsky, »Der olle Hitler soll sterben. Erinnerungen an den jüdischen Kindertransport nach England«, Claassen Verlag, München 2001.

S. 62 Anne Frank Tagebuch. Einzig autorisierte und ergänzte Fassung Otto H. Frank und Mirjam Pressler. © 1991 Anne Frank-Fonds, Basel. Alle Rechte vorbehalten S. Fischer Verlag, Frankfurt/M.

S. 63 Inge Jens (Hg.), »Hans Scholl, Sophie Scholl. Briefe und Aufzeichnungen«, S. Fischer Verlag, Frankfurt/M. 1984.

S. 64/65 Hildegard Knef, »Der geschenkte Gaul. Bericht aus einem Leben«, Molden Verlag, Wien/München/Zürich 1970.

S. 68 Carola Stern, »Uns wirft nichts mehr um. Eine Lebensreise«, Rowohlt Verlag, Reinbek 2004.

S. 68 Hildegard Knef, »Der geschenkte Gaul. Bericht aus einem Leben«, Molden Verlag, Wien/München/Zürich 1970.

S. 69 Sigrid Bremer, »Muckefuck und Kameradschaft. Mädchenzeit im Dritten Reich. Von der Kinderlandverschickung 1940 bis zum Studium 1946«, R.G. Fischer Verlag, Frankfurt/M. 1988.

S. 70 Erik Smit/Evthalia Staikos/Dirk Thormann (Hg.), »3. Februar 1945. Die Zerstörung Kreuzbergs aus der Luft«, Kunstamt Kreuzberg, Berlin 1995.

S. 71 Hildegard Knef, »Der geschenkte Gaul. Bericht aus einem Leben«, Molden Verlag, Wien/München/Zürich 1970.

S. 72 Anonyma, »Eine Frau in Berlin. Tagebuchaufzeichnungen vom 20. April bis 22. Juni 1945«, Eichborn Verlag, Frankfurt/M. 2003.

S. 73 Jürgen Kleindienst (Hg.), »Wir wollten leben. Jugend in Deutschland 1939–1945«, Zeitgut Verlag, Berlin 1998.

S. 76 Carola Stern, »Uns wirft nichts mehr um. Eine Lebensreise«, Rowohlt Verlag, Reinbek 2004.

S. 77 Jürgen Kleindienst (Hg.), »Lebertran und Chewing Gum. Kindheit in Deutschland 1945–1950«, Zeitgut Verlag, Berlin 2000.

S. 77 »Kürbisse im Böcklerpark. Museumsbesucher/innen erzählen von Kriegsende und Neubeginn«, Kunstamt Kreuzberg, Berlin 1995.

S. 78 Marianne S. W. Rosenbaum, »Peppermint-Frieden«, Verlag Antje Kunstmann, München 1983.

S. 80 Rajan Autze, »Treibgut des Krieges. Flüchtlinge und Vertriebene in Berlin 1945«, Quadriga Verlag, Berlin 2001.

S. 80/82 Jürgen Kleindienst (Hg.), »Schlüssel-Kinder. Kindheit in Deutschland 1950–1960«, Zeitgut Verlag, Berlin 1999.

S. 82 Uschi Flacke (Hg.), »Weil du ein Mädchen bist. Geschichten, Facts und starke Stücke für Mädchen, die es wissen wollen«, Quell-Verlag, Stuttgart 1996.

S. 84 Monika Maron, »Pawels Briefe. Eine Familiengeschichte«, S. Fischer Verlag, Frankfurt/M. 1999.

S. 86 Jürgen Kleindienst (Hg.), »Lebertran und Chewing Gum. Kindheit in Deutschland 1945–1950«, Zeitgut Verlag, Berlin 2000.

S. 88 Angelica Domröse, »Ich fang mich selbst ein. Mein Leben«, aufgeschr. v. Kerstin Decker, Lübbe Verlag, Bergisch-Gladbach 2003.

S. 89/90/91 Christine Walch, »Hauptsache heiraten oder Wie ich die sexuelle Revolution knapp verpaßt habe«, Pendo Verlag, Zürich/München 2002.

S. 92 Sarah Haffner, »Eine andere Farbe. Geschichten aus meinem Leben«, Transit Verlag, Berlin 2001.

S. 93 Claudia Schmölders (Hg.), »Deutsche Kinder. Siebzehn biographische Porträts«, Rowohlt Verlag, Berlin 1997.

S. 93 »Die Zaubertruhe. Almanach für junge Mädchen«, Kinderbuchverlag, Ostberlin 1955.

S. 94 Uschi Flacke (Hg.), »Weil du ein Mädchen bist«, Quell-Verlag, Stuttgart 1996.

S. 97 Maxie Wander, »Guten Morgen, du Schöne. Protokolle nach Tonband«, Buchverlag Der Morgen, Berlin 1977/Deutscher Taschenbuchverlag, München 1993 © S. Wander, Wien.

S. 99 Sylvia Conradt/Kirsten Heckmann-Janz, »Reichstrümmerstadt. Leben in Berlin 1945–1961«, Luchterhand Verlag, Darmstadt/Neuwied 1987.

S. 100 Maxie Wander, »Guten Morgen, du Schöne. Protokolle nach Tonband«, Buchverlag Der Morgen, Berlin 1977/Deutscher Taschenbuchverlag, München 1993 © S. Wander, Wien.

S. 104 Andrea Wöhrle (Hg.), »Frauen in der Schweiz. Erzählungen«, dtv, München 1991.

S. 104 Claudia Seifert, »Wenn du lächelst, bist du schöner! Kindheit in den 50er und 60er Jahren«, dtv, München 2004.

S. 106 Christine Walch, »Hauptsache heiraten oder Wie ich die sexuelle Revolution knapp verpaßt habe«, Pendo Verlag, Zürich/München 2002.

S. 108 »Heiß und kalt. Die Jahre 1945–69«, Elefanten Press, Berlin 1986.

S. 109 Claudia Seifert, »Wenn du lächelst, bist du schöner! Kindheit in den 50er und 60er Jahren«, dtv, München 2004.

S. 110 Christine Walch, »Hauptsache heiraten oder Wie ich die sexuelle Revolution knapp verpaßt habe«, Pendo Verlag, Zürich/München 2002.

S. 110 Maxie Wander, »Guten Morgen, du Schöne. Protokolle nach Tonband«, Buchverlag Der Morgen, Berlin 1977/Deutscher Taschenbuchverlag, München 1993 © S. Wander, Wien.

Bildnachweis

S. 111 Claudia Seifert, »Wenn du lächelst, bist du schöner! Kindheit in den 50er und 60er Jahren«, dtv, München 2004.

S. 113 Barbara Felsmann (Hg.), »Beim kleinen Trompeter habe ich immer geweint. Kindheit in der DDR«, Lukas Verlag, Berlin 2003.

S. 113 Claudia Seifert, »Wenn du lächelst, bist du schöner! Kindheit in den 50er und 60er Jahren«, dtv, München 2004.

S. 117/119 Barbara Felsmann (Hg.), »Beim kleinen Trompeter habe ich immer geweint. Kindheit in der DDR«, Lukas Verlag, Berlin 2003.

S. 120 *Frankfurter Rundschau*, 9. August 1975.

S. 120 *BRAVO*, 25. März 1976.

S. 121 *Stuttgarter Zeitung*, 7. Januar 1978.

S. 121 Gerda Szepansky (Hg.), »Die stille Emanzipation. Frauen in der DDR«, Fischer Verlag, Frankfurt/M. 1995.

S. 122 Christa Schmidt, »Luftschlösser«, Rowohlt Verlag, Reinbek 1987.

S. 123 Dagmar Schultz (Hg.), »Ein Mädchen ist fast so gut wie ein Junge. Sexismus in der Erziehung«, Frauenselbstverlag, Berlin 1978.

S. 124 Angela McRobbie/Monika Savier (Hg.), »Autonomie – aber wie? Mädchen, Alltag, Abenteuer«, Verlag Frauenoffensive, München 1982.

S. 124 *Der Tagesspiegel*, 26. April 1981.

S. 125 Klaus Hurrelmann et al. (Hg.), »Koedukation – Jungenschule auch für Mädchen?«, Leske & Budrich Verlag, Opladen 1985.

S. 126 Gerda Szepansky (Hg.), »Die stille Emanzipation. Frauen in der DDR«, Fischer Taschenbuch Verlag, Frankfurt/M. 1995.

S. 126 Marion Bolte/Gisela Corves/Bärbel Maiwurm (Hg.), »Total verknallt – ein Liebeslesebuch«, Rowohlt Verlag, Reinbek, 1984.

S. 127/128 Barbara Felsmann (Hg.), »Beim kleinen Trompeter habe ich immer geweint. Kindheit in der DDR«, Lukas Verlag, Berlin 2003.

S. 129 Renate Boldt/Gisela Krahl (Hg.), »Das Rowohlt Lesebuch für Mädchen«, Rowohlt Verlag, Reinbek 1984.

S. 132/133 Liane von Billerbeck (Hg.), »Generation Ost: aufmüpfig, angepasst, ehrgeizig? Jugendliche nach der Wende. 12 Selbstaussagen«, Links Verlag, Berlin 1999.

S. 1/13 picture-alliance/Imagno/Skrein Photo Collection

S. 16 picture-alliance/Imagno/Austrian Archives

S. 18 u./19 »Erinnerungen. Zum 25jährigen Jubiläum d. Karstadt Aktiengesellschaft 1956«

S. 20 akg-images

S. 23 Claus-Peter Gross, »Verliebt, verlobt, verheiratet, 1871–1918. Unter Adlers Fittichen«, Arenhövel Verlag, Berlin 1986.

S. 24 Filmmuseum Berlin, Marlene Dietrich Collection

S. 25/27 u. Michael Weisser, »Die Frau in der Reklame. Bild- und Textdokumente aus den Jahren 1827–1930«, Coppenrath Verlag, Münster 1981.

S. 27 o. St. Marien Gymnasium, Regensburg, Archiv

S. 28 Lukas Verlag, Berlin

S. 29 l. Sammlung Felix Brusberg, Berlin

S. 29 r. Claus-Peter Gross, »Verliebt, verlobt, verheiratet, 1871–1918. Unter Adlers Fittichen«, Arenhövel Verlag, Berlin 1986.

S. 31 Archiv der deutschen Jugendbewegung, Witzenhausen

S. 33 picture-alliance/Imagno/Schostal Archiv

S. 34 o. ullstein – ullstein bild

S. 35 Lely Kempin, »Die heilige Insel. Eine Sommergeschichte«, Velhagen & Klasing Verlag, Bielefeld/Leipzig 1917.

S. 36 ullstein bild – Alinari

S. 37 akg-images

S. 39 Bayrisches Textil- und Industriemuseum Augsburg (tim)

S. 40 o. Deutsches Filminstitut

S. 40 u. akg-images

S. 41 Lilli Palmer, »Dicke Lilli – gutes Kind«, Droemer-Knaur Verlag, München 1974. © 1974 Carey Harrison, New York, und AVA, München

S. 43/45 o. Sammlung Felix Brusberg, Berlin

S. 44 akg-images

S. 45 u. picture-alliance/dpa

die **HERAUSGEBERIN** *Antonia Meiners*

die **GRAPHIKERIN** *Pauline Schimmelpenninck*

die **REDAKTEURIN** *Eva Römer*

die **VERLEGERIN** *Elisabeth Sandmann*

152